EL ANTI-CRISTO

Yiye Avila

EDITORIAL Carisma

Publicado por
Editorial **Carisma**
Miami, Fl. U.S.A.
Derechos reservados

Primera edición 1973
Segunda edición 1974
Tercera edición 1984
Nueva edición 1994 Editorial **Carisma**

Citas Bíblicas tomadas de Reina Valera, (RV) revisión 1960
© Sociedades Bíblicas Unidas
Usada con permiso

Cubiera diseñada por: Ximena Urra

Producto 550038
ISBN 1-56063-592-4
Impreso en Colombia
Printed in Colombia

CONTENIDO

INTRODUCCION

La profecía blíblica es la infalible e inspirada Palabra de Dios, que permanece para siempre. Las noticias que a diario son publicadas por los diferentes medios noticiosos, van a la par con la profecía bíblica. Todas estas noticias que a diario leemos y escuchamos, son suficiente evidencia, de que la Palabra de Dios es infalible, y sus profecías se cumplen al pie de la letra.

El mundo está envuelto en un caos terrible. Son muy pocas las noticias que son buenas o agradables a nuestros oídos, ya que el escenario mundial y nacional, está saturado de problemas. El hombre se esfuerza por sí solo en buscar la solución a sus problemas, sin embargo, cada día éstos son peores. Uno de estos grandes esfuerzos que ha planificado el hombre, es lograr una unidad mundial, bajo una ley universal. Grandes hombres como el científico Edward Teller, como el extinto primer ministro de Inglaterra Winston Churchill y el ex secretario de las Naciones Unidas U Thant, se unieron en un mismo pensamiento, ante un nutrido grupo de dirigentes, estadístas y científicos de gran parte del mundo para pedir la creación de un gobierno mundial, capaz de hacer cumplir una ley universal.

Muchos siglos antes de que el hombre se reuniera a exponer tal solución ante la crisis mundial, ya en la Biblia, Dios, por medio de sus siervos, había profetizado el levantamiento de un líder que regirá el mundo. Según la Palabra, éste será un líder que al principio, con astucia y engaño, logrará un estado de paz y seguridad, pero luego se mostrará como el gran traidor que llevará a las naciones a una conflagración mundial. El tiempo de la aparición de este hombre está muy cerca. El escenario está preparado, y este hombre, conocido como el anticristo, será aclamado por el mundo, y recibido como el hombre que esperaban para resolver la situación de caos en que se encuentra el sistema mundial actual.

¿Dónde nos habla la Biblia de este hombre y qué nos dice de su carácter y manifestación? ¿Cómo sabemos que este hombre está a punto de manifestarse? ¿Hay alguna forma de escapar de sus maquinaciones? A través de este libro usted cobrará mayor conciencia de la hora trágica que se avecina sobre este mundo y el escape provisto por Dios.

PREFACIO

Cuando Dios me llamó a predicar su Palabra, me mostró en forma clara y categórica, el mensaje que yo debía enfatizar. Este llamado era para predicar en forma profunda la profecía bíblica. Hace veintiocho años que el Señor me hizo este llamado, y el énfasis de mis mensajes, siempre ha sido sobre el fin de los tiempos y el rapto de la iglesia. Sin embargo, ahora más que nunca, siento la urgencia de predicar a voz en cuello que ¡CRISTO VIENE YA!

En Jeremías 4:7 dice:

"El león sube de la espesura, y el destruidor de naciones está en marcha, y ha salido de su lugar para poner tu tierra en desolación; tus ciudades quedarán asoladas y sin morador".

No es tiempo de perezas; es tiempo de hacer nuestras las palabras de Jeremías 6:26, cuando dice:

"Hija de mi pueblo, cíñete de cilicio, y revuélcate en ceniza; ponte luto como por hijo único, llanto de amarguras; porque pronto vendrá sobre nosotros el destruidor".

Cada vez que tengo la oportunidad de leer en algún periódico, algún evento de trascendencia mundial relacionado con la política o la economía, puedo ver y entender cuán cierta es la Palabra de Dios y cuán cerca están por cumplirse las profecías del fin de los tiempos. Indudablemente, el *hombre de iniquidad está pronto en entrar en escena*. Tomará las riendas de este mundo como ningún líder político lo ha podido hacer, y controlará todo.

Las cosas que antes nos parecían tan lejanas y casi imposibles, hoy las vemos planificadas y en proceso de manifestarse. Por ejemplo, recientemente vimos en los periódicos los siguientes títulos:

"La economía espera un líder mundial" y *"Moneda común para toda Europa".* Los medios de comunicación están preparados para recibir, y darle la propaganda necesaria a este líder de las tinieblas, que no es otro que el anticristo.

La Biblia dice:

"El avisado ve el mal y se esconde, mas los simples pasan y reciben el daño" (Pr. 22:3). El propósito de este libro es avisar acerca de este mal, que en breve sobrevendrá sobre esta tierra, para que el pueblo entendido, siendo avisado, pueda esconderse en los poderosos brazos de nuestro Señor Jesucristo. *"Mi refugio eres tú en el día malo",* (Jeremías 17:17). Pero antes de que ese día malo llegue, la iglesia de Jesucristo estará protegida en El, pues ya no estará en la tierra. ¡Gloria a Dios! ¡La novia del Cordero no le verá la cara al anticristo!

La Fe en marcha
Box 949
Camuy, Puerto Rico 00627

Estaremos produciendo 200.000 Revistas La Fe en marcha, a todo color, y las enviaremos gratis a todos los que la interesen. Es algo que Dios nos mostró y habrá bendición en ello. Oren para que Dios nos provea para esta encomienda gigante a un costo de alrededor de $60.000 por cada tirada. Oren que Dios supla para cubrir esta gran inversión. Dios me mostró que la revista va a ser de gigantesca bendición para su pueblo. ¡Gloria a Dios!

CAPITULO 1

PROFECIA DE DANIEL

Para el año 605 A.C., el rey Nabucodonosor llegó a Jerusalén, la sitió, capturó a Joacim rey de Judá, y ordenó que de entre los israelitas de familia real, trajeran jóvenes para servir en el palacio en Babilonia. Después de tres años de enseñanzas, estos jóvenes estarían listos para estar delante del rey.

DANIEL ANTE UN RETO

Así comienza el primer capítulo del libro de Daniel, narrando la primera deportación de los judíos a Babilonia. En este primer grupo se encontraba Daniel, *"joven de los hijos de Israel, de linaje real; de buen parecer, enseñado en toda sabiduría, sabio en ciencia y de buen entendimiento "*, (Dan. 1:3-4). Estas características le hacían idóneo para estar en el palacio real. Daniel, junto a otros jóvenes, fue separado para recibir una preparación especial según los deseos del rey Nabucodonosor. Esta preparación consistía en *"recibir enseñanza de las letras y lengua de los caldeos"*. Tendría una alimentación especial, *"de la provisión de la comida del rey y del vino que él bebía"*, (Dan. 1:5). Toda esta atención y cuidados estarían bajo la responsabilidad del jefe de los eunucos. Esta preparación la recibiría por tres años, al cabo de los cuales se presentaría delante del rey.

Siendo Daniel un joven que conocía a Jehová, el Dios de Israel, el encontrarse sometido al aprendizaje de una cultura pagana como la de Babilonia, implicaba estar rodeado de tentaciones y encontrarse ante un reto: permanecer fiel a Dios o dejarse arrastrar por la corriente idólatra y pagana de esta cultura.

A manera de detalle histórico, veamos que los babilonios eran politeístas, es decir, su religión les permitía creer en muchos dioses, hasta el extremo de que los nombres de sus dioses alcanzaban alrededor de unos dos mil quinientos. Estos eran representados en imágenes con formas humanas en las que, según ellos, vivía el dios representado. Una evidencia clara de esto la encontramos en Daniel 3:8-14; cuando Sadrac, Mesac y Abednego, amigos de Daniel, los cuales también fueron llevados cautivos a Babilonia, fueron acusados maliciosamente delante del rey porque no adoraban la estatua de oro que él había edificado, ni honraban a su dios. Dice la Palabra, habló Nabucodonosor y les dijo:

"¿Es verdad, Sadrac, Mesac y Abednego, que vosotros no honráis a mi dios, ni adoráis la estatua de oro que he levantado?"

Daniel se encontró ante una situación muy difícil, ya que su cultura y su educación chocaba con las nuevas enseñanzas y la nueva cultura, por éstas ser paganas. Además, aun su nombre le fue cambiado. Su nombre original, Daniel, daba reconocimiento a Dios, ya que significa *"Dios es mi juez"*. En cambio, su nuevo nombre, Beltsasar, honraba a un dios pagano y significaba *"el príncipe de Bel"*. Bel era el dios supremo de Babilonia. Era el dios del sol.

Ante esta seria situación, Daniel tomó una firme decisión; él no se dejaría contaminar. *"Y Daniel propuso en su corazón no contaminarse con la porción de la comida del rey, ni con el vino que él bebía ..."* (Dn. 1:8). El no pudo impedir que le llevaran a Babilonia, que le cambiaran su nombre por uno pagano, que le sirvieran de la comida y la bebida del rey; pero nadie podía obligarle a aceptar todo esto, y no lo aceptó.

Daniel no cambió sus creencias y su seguridad en Dios por el mundo. El no negó a Dios, y Dios le honró "...*Pidió, por tanto, al jefe de los eunucos que no le obligase a contaminarse. Y puso Dios a Daniel en gracia y en buena voluntad con el jefe de los eunucos"*, (Dn. 1:8-9). Así, su alimentación especial, consistente de legumbres, le hizo desarrollarse saludable y fuerte entre el resto de los jóvenes, honrándolo Dios por su fidelidad a EL.

Esta actitud de Daniel es un mensaje al pueblo de Dios. No podemos ser fiel a Dios, siendo amigos del mundo. *"¿No sabéis que la amistad del mundo es enemistad contra Dios? Cualquiera, pues, que quiera ser amigo del mundo, se constituye enemigo de Dios"*, (Santiago 4:4). Un creyente no puede comprometer su ética cristiana, ni servir a dos señores a la vez.

> *"Ningún siervo puede servir a dos señores; porque o aborrecerá al uno y amará al otro, o estimará al uno y menospreciará al otro. No podéis servir a Dios y a las riquezas".*
>
> Lucas 16:13

Daniel tomó la firme determinación de no contaminarse. Dios le bendijo y le hizo prosperar en medio de un ambiente pagano. Dios tenía un propósito muy especial al permitir que Daniel llegara al palacio del rey Nabucodonosor y pasara por todas estas situaciones. Dios es "un Dios de propósitos y de orden". Daniel llegó a ser el hombre de confianza del rey. Este le hizo gobernador de toda la provincia de Babilonia y jefe supremo de todos los sabios. Fue el consejero del rey en todo asunto de sabiduría e inteligencia. El rey le consultaba, y estuvo así delante de él.

Daniel es considerado uno de los profetas mayores, y también el profeta apocalíptico. Entre su libro y el libro de Revelaciones, es decir, el Apocalipsis, existe una gran similitud. Dios le reveló grandes profecías; unas ya cumplidas, y otras por cumplirse en los postreros días. Podemos decir que la profecía es la historia escrita, antes que el suceso tenga lugar o cumplimiento. En este libro predomina el tema de la política de las naciones gentiles y su relación con el pueblo israelita. La profecía siempre se mira a través de la FE. Dios, a través de su siervo Daniel, nos deja ver todo el panorama del último imperio gentil y el desenlace del pueblo de Israel. Uno de estos grandes eventos proféticos, lo encontramos en el capítulo 7 de Daniel.

VISION DE LAS CUATRO BESTIAS

En el capítulo 7, Dios le muestra a Daniel en visión, lo que habría de acontecer en el futuro, en el aspecto político. Pero esta visión es también una continuación, o más bien una similitud, de la profecía del capítulo 2. Son dos aspectos de la misma profecía. Habían de aparecer cuatro imperios mundiales, seguidos por el último imperio gentil (el del anticristo), y luego el reino milenial de Cristo en la tierra. Este último, representado por la piedra que destruye la estatua en la visión del capítulo 2. En el momento que Dios se le revela a Daniel, ya habían surgido dos grandes imperios: Egipto y Asiria. En el capítulo 7, Dios le revela a Daniel el surgimiento de cuatro grandes imperios, más el surgimiento del último imperio gentil: el del anticristo. Más adelante damos detalles sobre estos imperios.Veamos la visión:

"Miraba yo en mi visión de noche, y he aquí que los cuatro vientos del cielo combatían en el gran mar. Y cuatro bestias grandes, diferentes la una de la otra, subían del mar. La primera era como león, y tenía alas de águila. Yo estaba mirando hasta que sus alas fueron arrancadas, y fue levantada del suelo y se puso enhiesta sobre los pies a manera de hombre, y le fue dado corazón de hombre. Y he aquí otra segunda bestia, semejante a un oso, la cual se alzaba de un costado más que del otro, y tenía en su boca tres costillas entre los dientes; y le fue dicho así: Levántate, devora mucha carne. Después de esto miré, y he aquí otra semejante a un leopardo, con cuatro alas de ave en sus espaldas;

tenía también esta bestia cuatro cabezas; y le fue dado dominio. ...Y he aquí la cuarta bestia, espantosa y terrible y en gran manera fuerte, la cual tenía unos dientes grandes de hierro; devoraba y desmenuzaba, y las sobras hollaba con sus pies, y era muy diferente de todas las bestias que vi antes de ella, y tenía diez cuernos. Mientras yo contemplaba los cuernos, he aquí que otro cuerno pequeño salía entre ellos, y delante de él fueron arrancados tres cuernos de los primeros; y he aquí que este cuerno tenía ojos como de hombre, y una boca que hablaba grandes cosas".

Daniel 7:2-8

INTERPRETACION DE LA VISION

Da la impresión de que estas cuatro bestias que "subían del mar", subían en sucesión, una detrás de la otra, ya que Daniel las enumera: la primera como león, la segunda semejante a un oso, otra semejante a un leopardo, y la cuarta bestia, espantosa y terrible. Según muchos intérpretes, la palabra "mar", en las expresiones *"gran mar"* y *"subían del mar"*, es identificada con las masas humanas o pueblos. Apocalipsis 17:15 dice:

"Las aguas que has visto, donde la ramera se sienta, son pueblos, muchedumbres, naciones y lenguas".

Cada bestia es muy diferente una de la otra, tanto en constitución, como en apariencia. Mientras que en el sueño de Nabucodonosor, del capítulo 2 de Daniel, los reinos son revelados desde el punto de vista humano, enfatizando el poderío de cada reino; en el capítulo 7 se nos presentan los mismos reinos, en un marco de bestias grandes y terribles, señalando así el carácter dominante de estas naciones. Son dos cuadros semejantes en marcos distintos. Dos revelaciones distintas, pero de los mismos remos.

La primera bestia en la visión de Daniel, un león con alas de águila, era el imperio de Babilonia. La poderosa Babilonia, reina de las naciones. Nabucodonosor la convirtió en un

13

Imperio Mundial. Y en los días de la vida de Daniel este imperio estaba en pie. La segunda bestia, el oso con tres costillas en su boca, y con un lado más alto que el otro, y que se le mandó levantarse y devorar mucha carne, representa el imperio medopersa; sucesor de Babilonia en el gobierno mundial. Sus victorias no eran ganadas con valentía y estrategia, sino por la fuerza de grandes masas de soldados. La tercera bestia, un leopardo con cuatro alas de ave en sus espaldas, era Grecia. Es conocido el hecho histórico, de que los ejércitos bien disciplinados de Alejandro el Grande vencieron al mundo. Tuvo un solo emperador, y a su muerte, su imperio se dividió en cuatro partes. La cuarta bestia no es comparada con ningún animal en específico. No había bestia para compararla; era un monstruo, una bestia feroz como ninguna otra. La Biblia la describe como una bestia espantosa y terrible, en gran manera fuerte, y muy diferente a todas las otras. Esta representa el antiguo imperio romano.

El interés particular de Daniel en este capítulo, descansa sobre la cuarta bestia y los diez cuernos. Es decir, el renacimiento del Imperio Romano; la fase final del último poder y gobierno gentil mundial que se levantará, dominará, controlará y someterá a toda la tierra bajo su control. Será el único momento dentro de la historia en que verdaderamente habrá un imperio mundial, el del anticristo. El será el gobernante absoluto. Muchos intentaron dominar el mundo: Napoleón, Hitler, y otros; pero fracasaron. Todo fue en vano.

En el capítulo 7 y versículo 15, nos dice Daniel: *"Se me turbó el espíritu a mí, Daniel, en medio de mi cuerpo, y las visiones de mi cabeza me asombraron"*. Daniel sentía una curiosidad muy grande por aquella bestia que tenía diez cuernos sobre la cabeza, y que tenía un cuerno más pequeño que iba creciendo en medio de los diez. Se turbó ante lo que veía y preguntó a Dios la verdad de todo esto, y se le dio a conocer la interpretación de las cosas. Se le dijo:

"Estas cuatro grandes bestias son cuatro reyes que se levantarán en la tierra", (Dn. 7:17). Esta profecía ya tuvo su

cumplimiento. Fueron cuatro grandes imperios que existieron en la antigüedad. Pero los diez cuernos que tiene la cuarta bestia, son diez reyes que se levantarán para el último tiempo, que saldrán de este Sexto Imperio Mundial, es decir, del Imperio Romano. Los detalles de este imperio los analizamos en el próximo capítulo.

Para los últimos días, saldrá un Séptimo Imperio. Será como si el antiguo Imperio Romano reviviera y surgiera de nuevo, pero formado por diez reinos y un rey terrible que dominará a los diez, estableciendo ese Séptimo Imperio Mundial que viene. El cuerno pequeño es ese rey terrible y poderoso que se levantará en medio de ellos y los dominará, formando su imperio; el último Imperio Mundial Gentil. Esa profecía es para este tiempo que estamos viviendo, tiempos finales del retorno de Jesucristo.

CAPITULO 2

EL ANTIGUO IMPERIO ROMANO

El Imperio Romano fue producto de un largo proceso histórico. Cuando Jesús nació en Belén, y durante los inicios de Su ministerio, bajo el reinado de Tiberio César, siendo Poncio Pilato gobernador de Judea, y siendo Herodes, Tetrarca de Galilea, este imperio dominaba el mundo de aquella época. También fue el imperio que estaba en pie bajo el gobierno de Vespasiano cuando su hijo, el general Tito, invadió a Jerusalén con su ejército en el año 70 A.D. y la destruyó, ocasionando la dispersión de los judíos.

Bajo el dominio de este Imperio Romano los cristianos fueron perseguidos durante cientos de años. La primera persecución fue bajo el gobierno de Nerón. La segunda persecución fue bajo Domiciano, la cual ocasionó el destierro de Juan a la isla de Patmos. Y como detalle interesante, éste será el mismo imperio que estará dominando para la segunda venida de Cristo.

Fue el más grande imperio que jamás ha existido y el mejor organizado de la antigüedad. Durante más de cuatrocientos años pudo mantener unidos, bajo un solo gobierno, a todos los pueblos del mundo mediterráneo y otros grandes territorios. Según la historia, este imperio estaba poblado por más de ochenta millones de habitantes y sus tierras eran inmensamente vastas. Tuvo su origen en la península italiana, dominó a Europa Central y Occidental, y su poderío se extendió por todo el litoral del mediterráneo. Roma tuvo su época de gran expansión. Algunos de los territorios que comprendieron este imperio, hoy día son: Inglaterra, Bélgica, Holanda, Francia, España, Portugal, Italia, Suiza, parte de Alemania, Yugoslavia, Grecia, Bulgaria, Rumania y Turquía.

Este imperio estaba tan bien organizado que logró unir y fusionar pueblos de diversos orígenes e idiomas bajo su único genio conquistador. Roma se sentía orgullosa de sus conquistas y de su poder. Por cierto, si miramos el panorama europeo a través del lente de este imperio, podemos ver que éste ha sido, y aún será el escenario de grandes acontecimientos bíblico proféticos. Por este imperio pasaron los personajes más diversos como emperadores, hombres de distintos valores y virtudes. Unos, como Augusto y Vespasiano, fueron hombres hábiles y prudentes como gobernadores. Otros, como Calígula y Nerón, fueron crueles e inhumanos.

Pero el orgulloso Imperio Romano tuvo que sufrir los estragos de la traición de su misma gente. En el aspecto político sufrió grandes crisis, ocasionadas por la rivalidad y la envidia de quienes anhelaban el poder imperial. La caída de Roma comenzó desde adentro. Las luchas internas y los diversos conflictos debilitaron sus fuerzas y sus defensas haciéndola presa fácil de los enemigos. A lo largo de los años Roma luchó por mantenerse en pie, pero el inconmovible Imperio Romano tuvo su final. Como imperio visible hace mucho tiempo que dejó de existir, pero en realidad, este gigante sólo ha estado dormido.

Este imperio volverá a brillar. Esta vez subyugará a todas las naciones del mundo bajo un solo gobierno. A medida que surgen los eventos a nivel mundial, las profecías se hacen más excitantes y comprensibles; se tornan más interesantes y podemos verlas con más claridad cuando las comparamos con los eventos. Podemos entender y ver en forma más precisa que cuando Dios habla, su Palabra se cumple sin lugar a dudas. Todo esto nos lleva a sentir que algo grande se aproxima sobre nosotros.

"Porque yo Jehová hablaré, y se cumplirá la palabra que yo hable; no se tardará más..."

Ezequiel 12:25

Estamos viendo entre las naciones, movimientos significativos a nivel mundial, que nos indican que algo grande está por ocurrir. Todas las señales de la venida de Cristo se han cumplido. Esto significa que el Señor está a punto de retornar. Si es verdad que Cristo está a punto de retornar, algo tiene que estar ocurriendo en la Europa Occidental, panorama del cumplimiento final de la visión de Daniel, que haga cumplir la profecía.

La existencia de este imperio puede ser considerado como el eje central de la historia europea. Conociendo su posición, es posible rastrear el origen y desarrollo de los distintos estados europeos, incluso de los países del mundo. Efectivamente, el "viejo imperio" está tomando fuerzas nuevamente, pero no bajo el nombre de "imperio", sino bajo el nombre de: Comunidad Económica Europea, (Dn.7:23-24). Recuerde que otro evento importante que ocurrirá antes de que el Señor venga a establecer Su reino, será la aparición de un "hombre": El anticristo. Podemos concluir, que si en Europa, que era el viejo Imperio Romano, no está sucediendo nada similar a lo que Daniel profetizó, entonces hemos mentido en cuanto a que Cristo viene. Pero no nos precipitemos; a través de este libro vamos a ver cuán matemáticamente precisa es la Palabra de Dios.

ESTADOS UNIDOS DE EUROPA

Cuando el viejo Imperio Romano comenzó a desmoronarse, muchos intentaron levantarlo nuevamente. Hombres como Carlomagno y Napoleón trataron de restaurarlo, pero todo fue en vano. Adolfo Hitler se jactó de que él consolidaría a toda Europa en un reino, pero también fue aplastado.

Ninguno tuvo éxito en su intento. Pero Dios tiene todo planificado. A través de la profecía bíblica, el Señor había revelado que el Imperio Romano caería, pero que también habría un resurgimiento de este coloso. Dios estaba y está en el asunto, y Su palabra es clara y precisa.

Como mencionamos anteriormente, la visión del capítulo 7 del libro de Daniel y la profecía del capítulo 2, son un mismo mensaje. En ambos el número diez está presente. En la estatua que fue levantada por Nabucodonosor, lo vemos en los diez dedos de sus pies, (Dn. 2:41-42) y en la bestia que sale del mar, lo vemos en los diez cuernos, (Dn. 7:7). ¿Qué significado puede tener el número diez?, y, ¿qué relación con nuestros días? En la interpretación del sueño de Nabucodonosor, le fue revelado a Daniel que *"los pies y los dedos en parte de barro cocido y en parte de hierro, será un reino dividido"*, (Dn. 2:41). Si seguimos la misma línea de interpretación; de la misma forma en que el resto de los materiales y partes del cuerpo de la estatua representan reinos, así también los diez dedos son diez reinos que se levantarán. Por ser *"dedos de los pies"*, significa que se levantarán al final de los tiempos. Los dedos son en parte de hierro y en parte de barro cocido, significando, que este imperio tendrá la fuerza del hierro, pero el barro señala su punto débil. Históricamente, a Roma se le ha señalado como la *"máquina de hierro"*, por el notable uso que le daban al mismo. Entendamos que Roma no tuvo sucesor como los demás imperios. Cuando el Imperio Romano cayó, no le siguió otro imperio poderoso en esa región. Al momento, el único legado que tenemos de este viejo imperio es sólo un poder religioso. Pero Roma revivirá y se levantará nuevamente con un gran poderío político y económico.

En la visión de la cuarta bestia del capítulo 7, le fue dicho a Daniel que *"los diez cuernos significan diez reyes"*. Esta bestia representa el Imperio Romano, y de este imperio se levantarán diez reinos para los últimos días. Cabe pues preguntar, ¿cómo puede ocurrir esto, si después de esta sucesión de imperios y monarcas en este territorio europeo, las cosas que ocurrieron fueron desastrosas?

Cuando la Segunda Guerra Mundial terminó en el año 1945, el "Imperio" de Adolfo Hitler, en la Europa Occidental, quedó devastado con sus ciudades en ruinas, y sus líderes habían muerto, o comparecían ante la justicia. Aún en nuestros días, se han efectuado juicios contra algunos de ellos, por sus horrendos crímenes contra los judíos.

Los periódicos se han encargado de darnos a conocer lo referente a Klaus Barbie y Rudolf Hess. Barbie, conocido bajo el sobrenombre de "El Carnicero de Lyon", compareció ante los tribunales, acusado y condenado por crímenes contra la humanidad, debido al papel que desempeñó en la tortura, asesinato o deportación a los campos de concentración nazis, de judíos y luchadores de la resistencia. El ex jefe de la gestapo (policía secreta alemana) en Lyon, Francia, fue sentenciado a cadena perpetua. Rudolf Hess, ex lugarteniente de Hitler, es decir, el segundo en mando después de Hitler, terminó sus días como el último preso de la cárcel militar aliada de Spandau, a los 93 años. De acuerdo con la información obtenida en nuestros rotativos, Hess se suicidó estrangulándose con un cable eléctrico. (aún existe un misterio con relación a la verdadera identidad de este hombre. Se cree que quien murió fue un impostor y no el verdadero Rudolf Hess).

Ante esta situación, nadie se hubiera atrevido a creer, que algún día, el Imperio Romano en la Europa Occidental, volvería a revivir. Lo menos que se podía pensar es que se levantara algo, como lo que Daniel vio, y que llegara a ser un imperio terrible y poderoso. Ahora, ¿qué evento puede estar ocurriendo en la Europa Occidental, que nos indica que efectivamente el viejo Imperio Romano está despertando y tomando fuerzas?

El fenómeno más interesante de la Europa Occidental de la posguerra es el nacimiento del Mercado Común Europeo. Este nació bajo la firma de un tratado en Roma, en el año 1957. El "Tratado de Roma", como oficialmente se le conoce, recogió las firmas de los gobiernos de Francia, Alemania, Bélgica, Holanda, Luxemburgo e Italia, dando lugar así a la fundación de la Comunidad Económica Europea. El origen de esta unidad europea, tiene su comienzo después de la Segunda Guerra Mundial, como consecuencia del caos económico y político que quedó luego de la guerra, y la presión ejercida por otros países, mejor establecidos económicamente. El propósito original de este tratado fue acercar entre sí a los países miembros y ensanchar los mercados, fortaleciendo la economía entre ellos. Pero ahora, ese motivo original ha variado, y su objetivo es mucho más amplio, ya que se pretende crear una vasta zona político económica común, siendo su principal fuente de poder el comercio. La economía mundial ha mostrado, en los últimos años, una clara tendencia hacia la integración; considerándose ésta, es decir, la integración económica, como la suma de países con relaciones comerciales comunes. Esta dependencia mutua es mucho más visible ante determinados fenómenos económicos, como crisis, inflación, etcétera. Ningún país está exento de experimentar cualquiera de estos fenómenos. De hecho, leemos a diario en la prensa, sobre los problemas y reveses económicos que sufren muchos países. Y no nos referimos a países del tercer mundo, sino a países con solvencia económica demostrada.

Aunque en sus comienzos se fijó el número diez, como el número de naciones que integraría la Comunidad Económica Europea, y originalmente ésta comenzó con seis naciones, Europa ha logrado anidar bajo sus alas, hasta el momento, doce países. Esta unidad se compuso de seis países por un tiempo aproximado de quince años. Para el año 1971, Noruega se unió también al Mercado Común, mas al llegar el año 1972 se retiró. Más tarde, en 1973, se unieron también los gobiernos de Irlanda, Dinamarca y Gran Bretaña. Grecia fue el país que formó el número diez, al unirse en el año 1981. Con sólo nueve países, la CEE (Comunidad Económica Europea), ya era considerada como la segunda potencia industrial del mundo, y la primera potencia comercial del planeta.

PROPOSITOS Y PODERIO DE ESTA UNIDAD

Para el 1988, el Mercado Común Europeo estaba compuesto por doce naciones. Con la afiliación en el 1986 de España y Portugal, su poderío económico superó al de los Estados Unidos de América y al de Japón; dos naciones que individualmente constituyen un poder económico reconocido mundialmente. De acuerdo a la opinión del mismo Mercado Común, Europa constituye la mayor construcción económica y el mayor mercado, siendo *¡La primera potencia comercial del planeta!* Por cierto, que el propósito fundamental que persigue este mercado común es fundirse voluntariamente en una entidad común que les dote una misma protección militar, una misma moneda, de un mismo mercado e incluso de un mismo Parlamento y Tribunal Supranacional. Ya tienen su propia moneda. Esta lleva el nombre de *"European Currency Unit"* (ECU). En español Unidad Monetaria Europea. Lo que hace a esta moneda sorprendente es su significado, ya que la misma lleva la imagen de Carlos V, antiguo emperador del Imperio Romano. El significado es obvio; revivir el antiguo Imperio Romano.

Tal vez, muchos no se han dado cuenta del potencial enorme que tendría una Comunidad Europea, políticamente unida. Europa avanza hacia la meta de convertirse en un solo país. Si Europa llegara a culminar su unificación, se convertiría en una superpotencia mundial, más fuerte que Rusia y los EE.UU.; con una población mayor a la de ambas potencias, y una capacidad militar aproximada a la de estas dos naciones. Ellos contemplan que para el 1992, se hayan eliminado todas las fronteras y barreras comerciales, llegando a ser una sola nación y superpotencia, con un solo sistema monetario, y alcanzando un status económico igual o mayor al de las superpotencias actuales.

La Comunidad Económica Europea tiene como meta la expansión continua y equilibrada de sus miembros, y el aumento de su nivel de vida, por el establecimiento de una serie de leyes. Por ejemplo, libre circulación de mercancía, libre circulación de mano de obra, libre circulación de capital, libre establecimiento y prestación de servicios. También figura dentro de sus planes la creación de una tarifa exterior común, y poner en práctica políticas comunes en agricultura, comercio, competencia y transporte. Todo esto, la define como una entidad de igualdad e integridad económica.

El Mercado Común estableció una unión aduanera que permite que paulatinamente los aranceles (tarifa oficial que determina los derechos de aduana) sean eliminados entre los países integrantes. La idea, naturalmente, es que los ciudadanos puedan pasar la frontera y comprar como si fuera un solo país, sin pagar contribuciones. También se les garantizará libertad de trabajo a todos los países miembros. Es evidente que al derribar las barreras arancelarias que dividen a las naciones se amplían los mercados de los países miembros, y aumenta su eficiencia. Si las metas establecidas por el MCE (Mercado Común Europeo) se logran, Europa será militar, política y económicamente absoluta, con un tremendo poder de impacto a nivel mundial. Esto llevará a que otros países se unan a ella formando un solo "gobierno mundial", dirigido por una sola cabeza humana. Cuando se levante este gobierno o imperio mundial, con las riendas del mismo en las manos de *un solo hombre*, se eliminarán todas las diferencias de opinión.

Entiéndase, que esta unidad, este gobierno, no es de Dios. Este hombre y su imperio son enemigos de Dios. La profecía bíblica se está cumpliendo con dinamismo y prontitud. El *"gigante dormido* está despertando, el Imperio Romano está reviviendo. El Señor dice en Su palabra que se levantarán diez reyes. Si miramos el panorama geográfico actual del viejo Imperio Romano notaremos que hay diez naciones. Sin embargo, para esta fecha (año 1990), hay doce naciones o reyes que son miembros del Mercado Común Europeo. Dios no miente; *"sea Dios veraz y todo hombre mentiroso..."*, (Ro. 3:4). Por lo tanto, podemos esperar que, dentro de poco, dos naciones se retiren del Mercado Común, al igual que lo hizo Noruega en 1972. Cuando el anticristo tome dominio del MCE, habrá diez naciones, las que geográficamente corresponden al viejo Imperio Romano. Hemos llegado a esta conclusión en base a que todas las profecías para el retorno de Jesucristo en las nubes, a buscar a Su pueblo, están cumplidas. En Su infinita misericordia, Dios ha provisto, en el *rapto de la iglesia*, el medio por el cual vamos a escapar del dominio cruel de este hombre. ¿Está preparado para ese encuentro glorioso con el Señor Jesucristo en las nubes?

EL PARLAMENTO

Para el mes de julio de 1979, tuvo lugar un acontecimiento transcendental. Se formó el primer parlamento de la Comunidad Económica Europea, compuesto por 410 diputados; lo cual es un número considerable. Esta estructura dará lugar a la fuerza política que encabezará el anticristo.

ACTUALIDAD DEL MERCADO COMUN EUROPEO

Al momento de escribir este libro, nuestros periódicos nos informan que la Comunidad Económica Europea está atravesando por la crisis financiera más grave dentro de sus treinta años de historia. El MCE está virtualmente en quiebra y es posible, de acuerdo a la información del rotativo local, que la crisis empeore.

Los doce países que actualmente son miembros de la CEE, no han llegado a un acuerdo. Están sumidos en una confusión, ya que sus estados miembros difieren respecto a la forma en que el Mercado Común debe ser estructurado y en cuanto al papel que está llamado a desempeñar en el panorama internacional. Hasta el momento, las conferencias que han realizado, han resultado ineficaz para la situación de la CEE. Esta misma situación les ha hecho retroceder en su gran objetivo de crear una Europa Occidental más unida.

Por otra parte, tenemos información de Francia misma, país miembro del MCE, señalando que la "Cumbre de Copenhague", esto es, la conferencia cumbre de la CEE, quedará en la historia de la CEE como uno de sus naufragios más dramáticos, ya que después de largas horas de discusiones, éstas han resultado ser estériles, y los doce países han quedado como incapaces de demostrar su unidad, no encontrando una solución al problema financiero. Este desacuerdo ha tenido lugar en el peor momento de la vida de la CEE, ya que ésta continúa hundida en una profunda crisis monetaria y financiera.

Proféticamente, este es el panorama que tiene que estar reinando en este momento, para que cuando aparezca el anticristo, su poder de administrar y de resolver todo problema sobresalga. Esto obligará a las diez naciones a buscar un líder que le resuelva esta situación, la cual será superada; (Ap.13:3-4). Tendrá absoluto control de la economía mundial, (Ap.13:17).

CAPITULO 3

UN SOLO GOBIERNO

LAS NACIONES UNIDAS

La Organización de las Naciones Unidas (O.N.U.), es una organización mundial de estados, creada para mantener la paz y la seguridad en el mundo. Esta organización tiene sus fundamentos en la Segunda Guerra Mundial, cuando EE.UU., la Unión Soviética, Gran Bretaña y China, acordaron la constitución de una organización internacional. Algunos de los principios, por los cuales debe regirse esta organización son: respeto de los derechos humanos y de las libertades fundamentales de todos los hombres, fomentar la amistad entre las naciones, resolución pacífica de las controversias entre estados y de las situaciones capaces de producir un quebrantamiento de la paz, etcétera.

Esta organización tiene cuarenta y cuatro (44) años de poder concentrado de todos los reinos del mundo, pero la situación mundial les ha llevado a hacer unas declaraciones que, humanamente, asombran a cualquiera. Ellos han expresado que el caos político y económico actual no hay quien lo resuelva. Un líder de esta organización ha declarado que:

"Lo único que puede resolver el caos político y económico actual, a nivel mundial, es que aparezca un hombre que tenga tal talento, tal inteligencia, que una la economía de todas las naciones, y levante el sistema monetario mundial. Necesitamos

27

a ese hombre, estamos esperándolo; tiene que aparecer, y venga de Dios o del diablo, lo aceptamos".

¡Irónico! ¿Verdad? La *"Gran Organización"*, donde muchos tienen aún sus ojos puestos confiando en que ellos puedan lograr la paz mundial, se expresa de esta manera. Peor aún, si bien se exige con mucha frecuencia que haya paz, ya son aproximadamente doscientas (200) las guerras ocurridas desde la fundación de las Naciones Unidas en el año 1945; a pesar de que en su acta de fundación figura el juramento de *¡Nunca más una guerra¡* Mas, la verdadera paz sólo la da el Señor Jesucristo, *"la paz os dejo, mi paz os doy; yo no os la doy como el mundo la da"* (Juan 14:27). Ellos esperan a un hombre, y ese hombre viene; ese hombre está ya por tomar las riendas de este mundo, y lo van a recibir, como dijeron; pero no viene de Dios, viene del diablo.

Pero no sólo la ONU tiene su mirada puesta en un solo líder mundial, sino también los economistas. Ellos señalan que la economía mundial necesita líderes, necesita a *"alguien"* que se preocupe por el bien común de mantener el orden y de hacer cumplir lo pactado. Ellos han expresado que no saben quién podrá asumir este cargo, ya que el liderato es un fenómeno que implica responsabilidad; y que alguien debe preocuparse de que el aspecto tanto político como económico *"camine por buenas sendas"*. Ellos han catalogado como años difíciles e inciertos los que antecedan a ese líder. Conociendo las Escrituras, conocemos también que esto no es cierto, ya que ese hombre sólo espera el momento para darse a conocer.

EL ANTICRISTO UN FALSO MESIAS

La Escritura dice de la siguiente manera: *"Porque se levantarán falsos cristos y falsos profetas y harán grandes señales y prodigios, de tal manera que engañarán, si fuere posible, aun a los escogidos"*, (Mateo 24:24). Nosotros sabemos que Jesús es el único y verdadero Mesías. El mundo anda a tientas buscando tranquilidad de espíritu y solución a sus problemas. Es muy difícil que un mundo tan convulsionado pueda ofrecer algún tipo de solución. Pero la gente está dispuesta a seguir a cualquiera que le ofrezca, aunque sea, una leve esperanza. Incluso, intenta comunicarse con su *"dios"* por medio de ritos y ceremonias cargadas de sacrificios y de distintas filosofías. El mundo con sus guerras y multitud de problemas, ha empujado a la gente hacia los falsos profetas, y tristemente hacia la práctica del ocultismo y el misticismo. La gente sin Cristo sigue cualquier doctrina en busca de alivio espiritual, y cuando se decepciona de unos, siguen a otros.

La humanidad está siendo preparada para recibir a un gran falso mesías: el anticristo. En una ocasión el Señor Jesucristo dijo: *"Yo he venido en nombre de mi Padre, y no me recibís; si otro viniere en su propio nombre, a ese recibiréis"*, (Juan 5 :43). El mundo no tiene confianza en los gobiernos; la decadencia existente en ellos es como un saludo de bienvenida a este hombre, quien será el último emperador mundial. Esta situación ayudará a este hombre en su conquista del último gobierno humano. Este hombre vendrá con todo un programa *"de paz y seguridad"*. Obtendrá la lealtad de los que hayan quedado después del Rapto, que le aclamarán como a una especie de mesías. El mundo le confiará sus problemas, y él, con engaño y astucia, conseguirá sacarles de su miseria y caos por un poco de tiempo.

Junto a él trabajará un hombre, a quien la Biblia se refiere como el falso profeta, que no buscará glorias para sí, sino que hará atraer toda la atención sobre este hombre y buscará que le adoren y le rindan pleitesía. Ahora, ¿cómo se presentará este hombre y quién es? La Biblia no permite que se señale a ningún hombre como *el anticristo;* no sabemos su nombre, y en realidad no sabemos quien pueda ser, pero sí sabemos mucho de él, a través de las Escrituras.

En primer lugar, este hombre saldrá de Europa, del Imperio Romano revivido, o sea, de las diez naciones que componen el Mercado Común Europeo.

> *"La cuarta bestia era espantosa y terrible y en gran manera fuerte, la cual tenía unos dientes grandes de hierro; devoraba y desmenuzaba, y las sobras hollaba con sus pies y era muy diferente de todas las bestias que vi antes de ella, y tenía diez cuernos. Mientras yo contemplaba los cuernos, he aquí otro cuerno pequeño salía entre ellos, y delante de él fueron arrancados tres cuernos de los primeros y he aquí que este cuerno tenía ojos como de hombre y una boca que hablaba grandes cosas",*

Daniel 7:7-8

Como explicamos anteriormente, esta cuarta bestia es el Imperio Romano, el imperio más grande de la antigüedad y el que no tuvo sucesor. Los diez cuernos son diez reyes o reinos. Actualmente en Europa, estamos viendo el resurgimiento de este coloso, con el nacimiento del Mercado Común Europeo o la Confederación de las Diez Naciones, o sea, la Comunidad Económica Europea. Y el cuerno pequeño que salía entre ellos, que tenía ojos y boca como de hombre, es un hombre: El anticristo.

Cuando este dictador se dé a conocer, se va a apoderar de la Confederación de las Diez Naciones. Este hombre tendrá su imperio en la Europa Occidental, en el antiguo Imperio Romano. De estas diez naciones, siete le entregarán sus dominios y su poder voluntariamente, pero tres se resistirán, siendo derrocadas por el *anticristo* (Dn. 7:8). Este dictador entrará en escena con un gran poder conquistador y se ganará la simpatía de todo el mundo por medio de *"promesas de paz, prosperidad y seguridad—"*. Pero la realidad es que lanzará la tierra a una de las épocas más terribles y trágicas que jamás se ha vivido. *"Será tribulación cual no ha habido desde el principio del mundo ni la habrá"* (Mateo 24:21). Jesús mismo la denominó así: *"La Gran Tribulación"*.

Este hombre no puede aparecer mientras la iglesia de Jesucristo, La Novia del Cordero, esté aquí en la tierra. Si este hombre se diera a conocer ahora, nosotros, la verdadera iglesia de Jesucristo, tenemos la autoridad y el poder para destruir sus planes y propósitos, para reprenderle en el nombre de Jesús, y nada podría hacer. Pero tan pronto suene la trompeta y ocurra el *rapto glorioso*, y estemos seguros con el Señor, el refugio eterno, entonces, ¡ay de los habitantes de la tierra!, porque serán días de angustia y persecución, como nunca antes.

Este hombre será el tirano más terrible que jamás haya existido sobre la faz de la tierra. Un instrumento utilizado por el enemigo de las almas, lleno de odio e ira de Satanás contra Dios, El Todopoderoso. No hablará contra otros reyes, sino, que en su locura, hablará contra Dios. Mostrará especial antagonismo hacia el Altísimo, sus santos y todo lo sagrado.

COMO IDENTIFICARLO

El anticristo es un personaje que hace sombra a través de toda la Biblia. Es el personaje enigmático dentro del panorama bíblico. A través de la Biblia, el anticristo toma diversos nombres: la bestia (Ap. 13:2-4); el hombre de pecado (2 Ts.2:3); el hijo de perdición (2 Ts. 2:3); y el cuerno pequeño (Dn.7:7-8). Daniel dice, que con su boca, habla grandes cosas y su rostro es de aspecto violento. Como dijimos, este cuerno pequeño, que luego "parecía más grande que sus compañeros", es el *anticristo*.

El anticristo será un hombre y no un ser reencarnado. Muchos se enredan pensando que será un individuo del pasado reencarnado; como Nerón, Judas, Antíoco Epífanes, Hitler, Mussolini o Napoleón; pero no es así, pues la reencarnación no existe. Será un hombre real que usará eficientemente sus poderes a favor de su infernal maestro, Satanás. Además, dice la Biblia que: *"El dragón le dio su poder y su trono, y grande autoridad"* (Ap.13:2). La Biblia afirma, (y estoy de acuerdo), que la bestia será realmente un hombre, un caudillo revestido de poderes sobrenaturales; la obra maestra de Satanás.

Este terrible dictador tendrá en sus manos las vidas o el destino de millones de personas. Todo su poder satánico va dirigido contra Dios, a quien blasfemará; y contra los santos, a quienes perseguirá. Por cuanto el *anticristo tendrá* todo el poder del diablo, él tendrá poder para:

1. Hablar grandes cosas y blasfemar, Ap.13:5.

2. Blasfemará a Dios, el tabernáculo y los que moran en el cielo, Ap. 13:6.

3. Hará guerra contra los santos. (Los que mantengan el testimonio de Jesús en la Gran Tribulación), Ap.13:7; Dn.7:21.

4. Tendrá autoridad sobre todo el mundo, Ap. 13:7.

5. Atraerá la atención del mundo, Ap. 13:3.

6. Traerá prosperidad engañosa los primeros 3 1/2 años de su gobierno, Dn.8:24-25.

7. Cambiará los tiempos y las leyes, Dn.7:25.

8. Será entendido en misterios, es decir, en cosas difíciles, Dn. 7:23.

9. Hará su voluntad y se engrandecerá sobre todo dios y no hará caso del Dios verdadero, Dn.11:36-37.

10. Controlará las riquezas y toda la economía. (Nadie podrá comprar ni vender sin su marca),Dn.11:38-43; Ap.13:16-17.

11. Obrará señales y maravillas, 2 Ts.2:8-9.

12. Tendrá control de la religión y la adoración. (Se sentará en el templo de Dios, haciéndose pasar por Dios), 2 Ts.2:4.

13. Dirigirá la Tercera Guerra Mundial de Armagedón, Ap. 17:12-14.

14. Junto a sus diez naciones, destruirá a la gran ramera, que dirige el falso profeta, Ap.17:16-17. .

15. Matará a los dos testigos. Dejará sus cadáveres expuestos a toda la tierra por tres (3) días y medio para que el mundo vea su poder, Ap. 11:7-10.

16. Desarrollará una persecución terrible contra el pueblo hebreo que Dios va a guardar en el desierto, Ap. 12:14-15.

17. Llevará al mundo a un avivamiento de idolatría, Ap. 13:14.

Esto es un resumen del poder que ejercerá este hombre durante su reinado. Por cuarenta y dos meses tendrá control absoluto dentro de su gobierno mundial. Atraerá gente de todo nivel social. El mundo quedará maravillado con su inteligencia y diplomacia; con su capacidad administrativa y su habilidad para dirigir al pueblo. El arreglará la situación económica y traerá la *"paz"*. La gente le aclamará como el hombre que el mundo ha estado esperando. El anticristo hace su entrada recibiendo una *"...herida de muerte, pero su herida mortal fue sanada; y se maravilló toda la tierra en pos de la bestia"*, (Ap.13:3). Esta será la cartelera de publicidad del anticristo; con esto se dará a conocer. Luego, naturalmente, será difícil olvidar al hombre que prácticamente resucitó de la muerte. Es un hecho que este hombre es la antítesis de Jesucristo. Veamos:

JESUCRISTO	ANTICRISTO
Es el Cordero	Es la bestia
Manso y humilde	Altivo
Es el Salvador	Dictador, destructor
Enviado de Dios	Agente satánico
No hubo engaño en su boca	Engañador
Derramó su sangre por lo pecadores	Hará derramar la sangre de los santos
Hijo de Dios	Hijo del diablo
Es luz	Surge de las tinieblas
Verdadero Dios	Pretende ser Dios
Vino en nombre del Padre	Viene en su propio nombre
Dios encarnado	Satanás encarnado
Pacificador	Llevará al mundo a una guerra

Lucifer trató de ser igual a Dios. No de imitarle, sino de ser igual a El, buscando adoración para sí mismo.

"Tú que decías en tu corazón: Subiré al cielo; en lo alto, junto a las estrellas de Dios, levantaré mi trono, y en el monte del testimonio me sentaré, a los lados del norte; sobre las alturas de las nubes subiré, y seré semejante al Altísimo".

Isaías 14:13-14

Se llenó de orgullo, sintiéndose con derecho a ser adorado; por esta razón, Dios le derribó de las alturas, y ya no fue más Lucifer, que significa "portador de luz", sino Satanás, diablo, etcétera. El enemigo de las almas, Satanás, sigue con sed de adoración, y está buscando adoradores entre los hombres. ¿Por qué entre los hombres? Porque el hombre es la creación máxima de Dios que será como los ángeles por la eternidad, (Lucas 20:36). Por cuanto no puede vencer a su enemigo, que es Dios, lanza toda su ira hacia el hombre para separarle de Dios y destruirle. Como veremos más adelante, el mundo está atravesando por un terrible auge del ocultismo, donde miles de engañados siguen doctrinas de demonios y le rinden adoración. Pero durante la Gran Tribulación, es cuando verdaderamente, el enemigo verá cumplido su deseo de que el hombre le adore. El diablo es un imitador de Dios, y durante este tiempo y a través del anticristo, su obra maestra (ya que Satanás tomará posesión y dominio completo de este hombre) logrará cautivar la admiración y adoración de millones de personas, arrastrándolas, a su vez, hacia la condenación eterna.

Veamos un contraste entre la manifestación de Cristo y Satanás:

1. El Señor nos sella con el Espíritu Santo, Ef.1:13-14. Satanás sellará a sus seguidores con la marca, el nombre de la bestia o el número de su nombre, Ap.13:17.

2. El Señor murió y resucitó al tercer día, Lucas 24:7. El anticristo recibirá una herida como de muerte, pero su herida mortal será sanada, Ap.13:3.

3. Jesús vino a hacer las obras del Padre, San Juan 9:4.

Satanás se mostrará a través del anticristo, Ap.13:2.
4. Dios busca adoradores que le adoren en Espíritu y verdad, San Juan 4:23.
El falso profeta hará que los moradores de la tierra adoren a la bestia y a su imagen, Ap. 13: 12,15.
5. Jesús obró muchos y grandes milagros para confirmar que El era el Cristo, San Juan 20:30-31.
A través del falso profeta hará milagros para confirmar su poder satánico, Ap.13:13-15.
6. Sólo Jesús da la verdadera y única paz, San Juan 14:27.
El anticristo traerá una paz engañosa, 1 Ts.5:3.

Esto es sólo un ejemplo de todo lo que el enemigo hará durante la gran tribulación, imitando la grandeza de Jesús, el Señor, y buscando adoración propia. Para un mundo que no conoce a Dios, no será difícil endiosar y adorar a un hombre tan sobrenatural.

Entendamos que el ambiente está preparado para adorar a este hombre. Si los hombres, los religiosos, adoran con tanta facilidad objetos inanimados, a tantos ídolos, ¡con cuánta más facilidad adorarán a un hombre dotado de poderes sobrenaturales y prácticamente resucitado de la muerte!

¿DONDE ESTA EL ANTICRISTO?

La respuesta a esta pregunta no la tenemos, y tampoco nos preocupa, ya que nosotros, el pueblo de Dios, no le veremos, (2 Ts.2:7-8). Sin embargo, sí sabemos que este hombre tiene que estar en la tierra ahora mismo, aunque todavía no se manifieste abiertamente. Dado que entrará en escena a través del panorama político, cabe la posibilidad de que esté envuelto en el conflicto del Medio Oriente; como también puede que sea miembro del parlamento, en Europa, del Mercado Común Europeo; como también, podría pertenecer a la Organización de las Naciones Unidas. No lo sabemos, y como dijimos anteriormente, la Biblia no permite señalar a ningún hombre como el anticristo. Este hombre es un misterio; sólo las personas que queden en la Gran Tribulación le verán y le conocerán; ya que serán sometidas a su dictadura.

Si este hombre está activo dentro del plano político actualmente, sólo podrá canalizar sus movimientos a través de otras personas. Este hombre tiene que sentir que tiene un *"ministerio especial"* con el mundo, pero su tiempo no ha llegado. El subirá al poder y trabajará con engaño y fraude. Tendrá una habilidad especial para entender la guerra y controlar cualquier cosa que la cause; todo estará bajo su control: petróleo, metales, oro, etcétera. El mundo le recibirá como el benefactor y el hombre que necesitan. Hará un pacto de paz con el pueblo de Israel, pero a la mitad del tiempo lo romperá, y se dará a conocer, descubrirá su verdadera identidad ante el mundo que le creyó. El libro del profeta Daniel revela la ascensión y caída del anticristo y su imperio, (Dn.11:21 -45). Dice la Biblia que será quebrantado, aunque no por mano humana, (Dn.8:25).

CAPITULO 4

SIETE AÑOS DE GOBIERNO

Como hemos dicho antes, nuestro mundo va camino hacia un sistema unificado; tanto en el aspecto político, como en el religioso y económico. Es difícil que un solo hombre pueda tomar las riendas de todo el mundo y establecer un gobierno perfecto. Solamente Dios, quien es Soberano y Todopoderoso, puede. A través de la historia podemos observar que ningún gobierno ha podido establecer paz y prosperidad duraderas. Al contrario, sólo hemos conocido guerras y violencia. Y en lugar de prosperidad; hambre y miseria. Tanto es así, que en muchas partes del mundo gran parte de la población nace y muere en las calles. Ese es su hogar. No conocen nada mejor. Mientras unos viven en la abundancia, inundados por la superproducción; otros tristemente, luchan por subsistir en medio de conflictos políticos, guerras y promesas de paz.

"PAZ"

"No puede haber paz entre los hombres, si primero no tenemos paz con Dios". Podemos definir la paz como tranquilidad o sosiego. Es un estado de quietud.

Al leer el Antiguo Testamento, encontramos que Dios prometía a Su pueblo reposo y paz si le obedecían. Dios hacía cesar las guerras cuando el pueblo se sometía a El en obediencia.

"Y yo daré paz en la tierra, y dormiréis, y no habrá quien os espante; y haré quitar de vuestra tierra las malas bestias, y la espada no pasará por vuestro país", (Levítico 26:6). La guerra es causa de sufrimientos. Dios, como bendición al pueblo por guardar Su pacto y Sus enseñanzas, le otorgaba paz.

Más que nada en el mundo, el hombre desea tener paz. La humanidad entiende que la guerra es una locura que sólo trae devastación y caos. El hombre anda genuinamente preocupado por la paz; pero irónicamente, es el mismo hombre inteligente, y las naciones desarrolladas los que van a la guerra en busca de la paz.

Con cuánta frecuencia leemos en nuestros periódicos acerca de convenios y actividades que se realizan en pro de la paz. Se hacen gestiones de paz, se dialoga en favor de la paz, y se firman acuerdos o tratados para una paz firme y duradera. Se le canta a la paz. Por cierto, dice una canción; "denle una oportunidad a la paz". Incluso se hizo "la carrera por la paz", y se entregó una antorcha, símbolo de la paz.

Con frecuencia vemos el símbolo de la paz (círculo con cruz invertida dentro y los brazos quebrados) en revistas y periódicos, y hasta pintados en las paredes. Este es el símbolo de la paz del hombre o la paz del anticristo. Es por esto que *no* tenemos paz. Por supuesto no podemos tenerla, ya que sólo puede tener la paz verdadera aquel que tiene a Cristo en su corazón.

Hay una genuina preocupación por la paz. El hombre asegura que le ha dado *"toda clase de oportunidad a la paz"*. Pero sabemos que no es cierto. La falta de paz en nuestra época, al igual que antes, se debe a la desobediencia a Dios. Es imposible que el hombre pueda estar en paz con su prójimo, si no está en paz con Dios. Isaías 48:18 dice:

> *¡Oh, si hubieras atendido a mis mandamientos!; fuera entonces tu paz como un río, y tu justicia como las ondas del mar.*

SIETE AÑOS DE GOBIERNO

Hasta el momento los convenios sólo han traído una paz aparente, una paz engañosa. El hombre firma los tratados de paz, y él mismo los rompe. Aunque la Organización de las Naciones Unidas sigue en su "misión de paz", el mundo no tendrá verdadera paz mientras camine de espaldas al Señor. Los millares de presos políticos que han caído en la lucha por la paz, y los miles de millones de dólares que se invierten en fabricación de armamentos, son testigos de la impotencia del hombre para lograrla por sus propios esfuerzos. No puede haber tal cosa como "guerra por la paz". Esto es una contra-dicción.

A través de toda esta turbulencia y confusión, la mente del hombre ha sido preparada para aceptar la paz engañosa del anticristo. El mundo está listo para recibir un líder que traiga paz al mundo, y por ende, la solución para la guerra. Este hombre, el anticristo, será capaz de traer 'la paz' al mundo, y atraer la atención hacia él. Con engaño y astucia traerá la paz sólo por tres años y medio, (Ap.6:1-2; Daniel 9:27).

Será aclamado por ello como el hombre o líder que nece-sitaban, y la respuesta a los problemas del mundo. Pero como todo líder humano, y como ha ocurrido hasta ahora con todos los dirigentes humanos, él mismo romperá el pacto de paz, y vendrá tres años y medio de guerra mundial: La Gran Tribu-lación, (Ap.6:4). Entonces el mundo entenderá que este hom-bre no es el líder que esperaban, sino que han sido engañados. Tristemente, los que hayan quedado, que conocen la Palabra de Dios, se acordarán de 1 Ts.5:3, que dice: "Cuando digan: paz y seguridad, entonces vendrá sobre ellos destrucción repentina".

ECONOMIA: UN NUEVO SISTEMA MONETARIO

¿Será posible establecer un nuevo sistema económico mundial? La situación económica actual se nos presenta como el problema más grande que confrontamos. Este caos monetario es a nivel mundial. Nuestros periódicos fielmente nos informan los altibajos en el valor del dólar y del oro. Esto ha llamado la atención de todos los gobiernos. La deuda acumulada a nivel de países está por encima de los miles de millones de dólares, y lleva la consigna de ser incobrable; los bancos luchan por escapar de la inflación. La necesidad urgente de lograr una estabilidad económica a nivel mundial es ahora mayor que nunca. La cantidad de cheques y cuentas que los bancos reciben a diario es alarmante, y se les hace difícil mantener todo al corriente.

Recientemente fuimos testigos del colapso que sufrieron los mercados financieros. La incertidumbre, la ansiedad y la confusión eran evidentes. Tristemente, para muchos cuyo dios es el dinero, la mayor amenaza fue de tipo psicológico. Tanto es así, que de acuerdo a un importante periódico local del 27 de octubre de 1987, un inversionista que perdió grandes sumas de dinero durante este colapso financiero, asesinó a un gerente, hirió a otros y luego se suicidó. Nuestra confianza no puede estar puesta en el dinero, sino en el Señor, no importa la situación que se nos presente.

Mía es la plata, y mío es el oro, dice Jehová de los ejércitos.

Hageo 2:8.

Aun los gobiernos entienden que no hay vías de escape para esta situación o crisis económica. La Biblia dice que: "La raíz de todos los males es el amor al dinero" (1 Ti. 6:10). La codicia y el hambre de poder de algunos dirigentes políticos, han tirado por la borda el respeto al hombre como persona, y al de su libertad. Se ha roto la armonía entre el hombre y la naturaleza, la cual nos provee de bienes para subsistir y para nuestro bienestar. Los gobiernos gastan millones de dólares en armamentos de guerra y armas nucleares, en viajes espaciales y conquistas competitivas, lo que hace problemático la elaboración de los distintos presupuestos nacionales, dando lugar a que millones de seres humanos vivan en condiciones trágicas y mueran de hambre.

No podemos mostrarnos ciegos ante la realidad de este mundo. Es una verdadera tragedia; los recursos son desperdiciados sin la menor importancia. Una evidencia sólida de esto lo es Etiopía, el país más pobre del mundo, donde un alto porcentaje de niños muere antes de cumplir los cinco años, y sin embargo, tiene un ejército permanente de casi 250.000 soldados. Un líder de las Naciones Unidas ha expresado que los gastos militares en el mundo ascienden a ¡dos millones por minuto! Podemos concluir entonces, que la manera de invertir el dinero es el problema más grande que confrontamos.

Por otro lado, la cantidad de robos y crímenes cometidos en nombre del dinero es alarmante. Esto ha llevado a que en muchos establecimientos públicos no utilicen o acepten dinero en efectivo después de cierta hora de la noche; sólo aceptan tarjetas de crédito. La razón es obvia; temen ser robados o asesinados. Todo este caos económico ha dado lugar a robos, asesinatos, hambre, pobreza, deudas, suicidios, guerras, etcétera. Por lo que los gobiernos, los economistas, y los científicos han ideado un nuevo sistema monetario.

¡BIENVENIDO EL DINERO PLASTICO!

Dentro de la tecnología ha surgido una revolución, donde las computadoras están acaparando la atención del mundo y tomando el lugar del hombre. Las demandas del mundo exigen rapidez y precisión. Dentro del ambiente del sector económico o comercial, los adelantos de las computadoras y de los sistemas de información nos presagian el dominio de la tarjeta de crédito o dinero plástico.

El dinero plástico hizo su llegada para la década del 1970 y desde entonces, se le ha utilizado bajo el común denominador del *resuélvelo todo*.

Con el uso de esta tarjeta, el nivel de consumo se ha aumentado, promoviendo una de las transacciones financieras de más alto volumen. De acuerdo a estadísticas realizadas por autoridades en el asunto, un gran número de personas tiene en uso de cuatro a seis tarjetas de crédito o más. De hecho, las instituciones bancarias y otras empresas, que se han encargado de hacerle la promoción a sus tarjetas de crédito con el "cárguelo a su cuenta", también, en forma indirecta, han promovido su uso "automático". Esto conduce, a su vez, a que se gaste más dinero del que normalmente se gastaría si se pagara en efectivo; y se invierte más en compras de lujo. Además, sin que la persona se dé cuenta, está siendo condicionada para ser identificada por un código o número. Todo esto, está preparando el panorama para una sociedad sin cheques y sin dinero, *y luego la marca de la bestia, 666.*

UN CODIGO INDIVIDUAL

La idea fundamental es procesar todo a través de una sola tarjeta y un número clave individual. Ya no se tocará el dinero ni se expedirán cheques. Toda transacción se hará a través del banco y de acuerdo a un número clave. Los bancos, automáticamente, recibirán los cheques de nómina, los depositarán a la cuenta de cada persona, y de la misma cuenta sacarán fondos para pagar las compras y deudas. Todo esto no es un movimiento pasajero, es cumplimiento de la Palabra de Dios, es la antesala a un nuevo sistema monetario donde habrá igualdad para todos. El ambiente de la tecnología actual ha sido abonado muy bien para fundamentar las raíces de todo este nuevo cambio.

Este sistema de tarjetas con un número clave, tiene sus desventajas, ya que si se pierde la tarjeta o es robada, alguien puede tomar el lugar y cargar cosas a la cuenta de otro. Pero para evitar que la tarjeta y el número sea utilizado por otra persona, ya está programado que cada individuo tendrá su número clave *tatuado debajo de su piel.* No está lejos el momento cuando efectivamente toda persona recibirá un número. Su cuenta no sufrirá robos ni pérdidas, ni tendrá que preocuparse porque su número se pueda borrar, pues esta marca tiene cien (100) años de duración. Este código será indeleble e invisible, excepto cuando se reconozca con algún aparato electrónico diseñado para este fin.

Nuestra mente está siendo programada para que funcionemos a base de un número. No solamente a través de una tarjeta, nuestro mundo se rige prácticamente a base de números. En EE.UU. es mandatorio que todo niño al cumplir por lo menos seis años de edad, tenga su número de seguro social. Por esto, se orienta a los padres que soliciten dicho número para sus hijos tan pronto nacen.

Este sistema le permite a la nación tener información sobre cada persona a través del "seguro social universal". Cada persona usará el mismo número desde que se le extiende éste hasta que muere. Dicho número será indispensable para cualquier transacción o solicitud que se haga. Ya sea para hospitalización, trabajo, crédito, en la escuela y en universidades. Actualmente en las universidades le están asignando otro número a cada estudiante. Toda persona que recibe algún beneficio del gobierno tiene un número individual. La mayoría de las compras por correo se efectúan a base de códigos. Los hospitales asignan un número a cada paciente y los confinados tienen su número por el cual se les identifica. Aquí sólo hemos mencionado algunas áreas donde la codificación se ha hecho indispensable. "Usted presente su número y se le atenderá; si usted no tiene un número, usted está en problemas".

En el área de las industrias, los productos o artículos están siendo codificados. Observe que casi todos los productos alimenticios, de limpieza, e incluso hasta revistas y demás material de literatura, tienen un código. Casi todos los productos de fabricación europea y norteamericana, tienen un extraño código a base de números y barras. Este código también tiene su historia. Se remonta al 1970, cuando un comité de comerciantes norteamericanos decidió explorar y desarrollar las posibilidades de un código que fuera un patrón común para todos los artículos de la industria.

Actualmente, este método se está utilizando en gran parte de los productos . El sistema se ha extendido, y Europa tiene también su propio código, EAN (European Article Numbering). Este difiere algo del modelo predecesor, el UPC (Universal Product Code) norteamericano. Como detalle muy importante mencionamos que, "el sistema europeo admite una lectura universal, cosa que no sucede con el norteamericano". Es decir, la codificación de los artículos europeos resulta comprensible para las computadoras norteamericanas, pero no a la inversa.

LA CODIFICACION MUNDIAL

El proyecto de codificación mundial ya está tocando a las puertas, y se ha organizado a base de dieciocho dígitos. Estos dígitos están divididos en tres grupos de seis números. Por cuanto la Biblia en Apocalipsis 13:17, nos dice:

"Y que ninguno pudiese comprar ni vender, sino el que tuviese la marca o el nombre de la bestia, o el número de su nombre".

Podemos concluir que los primeros tres dígitos de la codificación mundial individual, podrían ser el 666, el número de la bestia, el número de hombre, (Ap. 13:17-18), completando luego los dieciocho dígitos. La libertad religiosa y económica no existirá durante ese tiempo. Será tiempo de tribulación cual nunca ha sido desde un principio, ni la será (Marcos 13:19). Como podemos ver, este mundo está siendo arrastrado, muy sutil y peligrosamente, hacia la *sociedad de dinero electrónico.*

Este sistema se ha considerado "práctico" y ha sido discutido en forma amplia. No se necesitará llevar dinero ni tarjetas de crédito, ya que, al comprar, toda transacción se hará electrónicamente. Y muy pronto, "... sin esta marca nadie podrá comprar ni vender", Ap. 13:17. De esta forma se pretende numerar y controlar toda actividad de cada persona. Los autores de este sistema piensan que es la forma más segura para controlar y solucionar la crisis económica mundial. Lo que ellos no pueden entender, es que éste será el método de manipulación o control mundial más demencial que habrá de controlarles, Ap.13:1-17.

Una de las personas envueltas en la creación de este *nuevo sistema financiero mundial es un analista* jefe del Mercado Común Europeo. Todo esto se llevará a cabo por medio de una gigantesca computadora que, irónicamente, han llamado "La bestia". Esta computadora ya está en función en Bruselas, sede del Mercado Común Europeo, ocupando tres pisos de su gigantesco edificio. "la bestia", (nombre que se le confirió a la computadora), puede registrar cualquier tipo de transacción económica y... "pronto tus pasos serán controlados". Entendamos que además de todo control económico, el anticristo controlará a los creyentes que no fueron levantados en el Rapto, (Ap.13:7).

Esto no es algo utópico; es una realidad bíblica. Un hombre tomará control absoluto de la economía y traerá la "solución". Mas todo será aparente; serán manipulados, y el creyente en Dios será perseguido y sufrirá como nunca antes. Tendrá que sufrir y padecer por la causa de Cristo. Repetimos nuevamente, que será tribulación cual no ha sido antes, ni será. Tribulación es congoja, aflicción, desgracia, persecución. Tendrán que dar sus vidas por la causa de Cristo sin dejarse marcar. Dejarse marcar es como hacer un pacto con el diablo y perderse por la eternidad.

El tiempo de escapar es ahora. La Gran Tribulación se acerca a pasos agigantados, pero antes, el Señor Jesucristo, el refugio Eterno, se llevará al pueblo que le ha sido fiel, que se ha guardado de la contaminación de este mundo, que ha mantenido sus vestiduras blancas; y que en medio de lo turbulento de este mundo, de luchas y pruebas, ha confiado en un Dios de amor (Ap. 3:10). La única forma de escapar de La Gran Tribulación es entregar su vida a Dios ahora, y servirle en espíritu y verdad; aceptar a Cristo como su Salvador y prepararse para ese glorioso momento del Rapto de la iglesia.

"666"

Mucho se ha especulado sobre este tema del número de la bestia y se ha tratado de llegar a conclusiones, pero es imposible. Este hombre y su número son un misterio. La Biblia nos dice que la cifra total de su nombre es 666 y que el falso profeta hará que todos, pequeños y grandes, ricos y pobres, libres y esclavos, se les ponga una marca en la mano derecha, o en la frente, y que ninguno pueda comprar ni vender, sino el que tenga la marca o el nombre de la bestia, o el número de su nombre, Ap. 13:16-17.

Como mencionamos anteriormente, este sistema es demencial, y nos recuerda la marca con el carimbo a los antiguos esclavos. Los que ahora se burlan de las cosas de Dios y de las manifestaciones del Espíritu Santo, en ese día serán marcados como animales. Voluntariamente recibirán la marca de la bestia. Este número, tatuado debajo de la piel, quedará en ellos siempre, y con él estarán señalando que están del lado de los enemigos de Dios, y naturalmente, en contra de Dios. Los hombres se convertirán en esclavos de la bestia, y la marca es su sello de identificación con el *anticristo*.

La señal de la bestia servirá tanto a un propósito religioso como económico. La bestia y el falso profeta estarán al frente de un sistema de gobierno totalitario, donde ellos tendrán control completo de la política, la economía, y la religión, con el propósito de lograr que todos los hombres adoren la bestia. Por medio de esta marca y un sistema computarizado, el anticristo podrá controlar todo, y conocerá quiénes le son fiel y quiénes son los santos. "Y se le permitió hacer guerra contra los santos y vencerlos" (Ap.13:7). Durante esos días de tribulación, el anticristo como tal, podrá ser identificado por los creyentes que no serán partícipes del Rapto. Todo el que reciba la marca perderá su alma, ya que lleva el sello de Satanás. El que no se deje sellar será perseguido y torturado, hasta hacerlos sucumbir. Para poder salvar sus almas tendrán que preferir la muerte, y decir no a la marca.

CUAN LEJOS PUEDE LLEGAR EL HOMBRE

Veamos cómo todo está siendo preparado para entregar la economía y el gobierno al anticristo. Veamos cuán lejos ha llegado el hombre en sus avances científicos y tecnológicos. El hombre, de espaldas a Dios y con sus adelantos, le ha facilitado todo al anticristo. No hay nada de malo en el adelanto y el conocimiento, pero el adelanto y el conocimiento sin Dios, lleva a la destrucción. "Profesando ser sabios, se hicieron necios ", (Romanos 1:22). Podemos concluir que la base para todo este caos mundial la tenemos en Romanos 1:28: "Y como ellos no aprobaron tener en cuenta a Dios, Dios los entregó a una mente reprobada... "

Estamos viviendo tiempos de transición y adelantos científicos como nunca antes. Se cumple la palabra profética, "muchos corren de aquí para allá, y la ciencia se aumentará " (Dn.12:4). El hombre le ha lanzado un reto a Dios, y lo ha hecho a través de sus investigaciones científicas. Lo que antes veíamos como un sueño científico es ahora una realidad. Nuestro mundo, especialmente la década del 80, se está enfrentando a decisiones morales nunca vistas en generaciones y décadas pasadas. Veamos:

EUTANASIA

Uno de los resultados de este reto a Dios es el poder sobre la vida y la muerte. Para el año 1988 se esperaba la legalización de la "eutanasia" en el estado de California, EE.UU. Holanda es el único país donde, al momento, está legalizada.

La eutanasia se define como el "derecho a morir". Pero en realidad es "un suicidio con asistencia médica". Esta medida permitirá a pacientes médicamente incurables que pidan, por escrito, que se acelere su muerte, para aliviar sus sufrimientos. Nos preguntamos, ¿será que han olvidado que después de la muerte física, existe una realidad espiritual? *"Si alguno destruye el templo de Dios, Dios le destruirá a él; porque el templo de Dios, el cual sois vosotros, santo es"* (1 Co. 3:17).

"Porque escrito está: Vivo yo, dice el Señor, que ante mí se doblará toda rodilla, y toda lengua confesará a Dios. De manera que cada uno de nosotros dará cuenta de sí".

Romanos 14:11-12

La eutanasia es pecado, y a nombre de ella el anticristo podrá cometer crímenes, como deshacerse de los ancianos y de los inválidos que, según algunos, consumen tiempo y dinero a cambio de nada.

MANIPULACION GENETICA

La manipulación genética se ha convertido, para los científicos, en una herramienta indispensable de trabajo en los laboratorios. Ellos pueden invertir la esencia misma de la vida alterando la herencia genética de las plantas, animales, y ... ¿seres humanos? Esta revolución, dentro de la ingeniería genética, ha despertado, aún en los mismos científicos, tanto esperanzas como temores, ya que tienen en sus manos un arma poderosa. Aunque se han elaborado normas de seguridad y precauciones rigurosas, siempre hay lugar a la duda, por lo que esto se ha convertido en un asunto de enorme interés económico, político y social.

Dentro de esta misma rama de la manipulación genética, tenemos que la fertilización "in vitro" ha ido en aumento. Desde que el primer "bebé probeta" nació en Inglaterra, en el

1978, ya suman sobre 2.500 (dos mil quinientos) los nacimientos por este método en Europa y Estados Unidos, incluyendo al primer bebé probeta nacido en Bayamón, Puerto Rico, en el 1983. La fertilización "in vitro" es una técnica que envuelve la extracción de óvulos maduros de la mujer no fértil, para ser fertilizados externamente en un laboratorio especializado. Los óvulos se colocan en una probeta de plástico que contiene suero de la madre, y se incuban en un ambiente favorable hasta su madurez. Luego se toma una muestra del semen del esposo para fertilizar los óvulos. Semen y óvulos permanecen juntos en una probeta en el laboratorio, en temperatura y oxígeno controlados. Después de dos días de crecimiento "in vitro", los embriones que se hayan dividido normalmente, son transferidos al útero de la mujer donde continúa su desarrollo.

Por otro lado, en EE. UU., y de acuerdo a un diario local con fecha de agosto 7, 1986, nació el primer bebé de probeta al que se le seleccionó el sexo. Sus padres deseaban un hijo varón, y el Instituto de Fertilidad de la nación se encargó de los detalles. Nosotros, el pueblo de Dios, no podemos aceptar que estos experimentos realizados en este campo sean moralmente lícitos. Todo esto va en contra de la Palabra de Dios.

Veamos otro ángulo de esta misma situación: Conocemos muy bien cómo mueren de hambre millones de niños. Se calcula que alrededor de 40.000 niños mueren cada día por desnutrición y enfermedades; más, irónicamente, en el 1986 nació en EE. UU. el bebé más caro del mundo. Costó un millón ($1.000.000) de dólares traer al mundo el primer bebé concebido de un embrión congelado. De acuerdo al pronóstico de un médico, la congelación de embriones humanos para su implantación más tarde en un útero, será la "moda del futuro", y manifestó que esperan iniciar los procedimientos pronto.

Todo esto contrasta también con el número de bebés muertos por el método del aborto. Podemos definir el aborto como "morir antes de nacer". Es la opinión de un médico, que excepto encontrar petróleo, no existe otro modo más rápido de hacer dinero que abrir una clínica para abortos. El aborto no es otra cosa que un asesinato. Es un crimen fácil de disimular. Una mujer entra a una habitación, permanece unas horas, y cuando sale, el aborto ya ha sido realizado. El niño, aún en el útero de su madre, es un ser humano independiente, alojado en el seno de ella, quien lo nutre para su normal desarrollo. Se ha descubierto que muchos de los niños de trece semanas que son abortados, lucharán por sobrevivir durante dos o tres horas fuera del seno materno. Exodo 20:13, nos dice: "No matarás", y Exodo 23:26 nos dice: "No habrá mujer que aborte en tu tierra ".

La fertilización "in vitro" y la inseminación (fecundación artificial), están fuera de las leyes establecidas por nuestro Creador; y colocan al hombre como "creador", y no de "creado". Como dijimos anteriormente, la Biblia dice que en el tiempo del fin la ciencia aumentará. La iglesia de Jesucristo no tiene necesidad de ponerse en manos de médicos que se atreven a experimentar. Tengamos cuidado; todo esto es un reto grande para la fe del creyente en el Todopoderoso Dios. "Para que nuestra fe no esté fundada en la sabiduría de los hombres, sino en el poder de Dios" (1 Corintios 2:5).

TRASPLANTES DE ORGANOS

¿Y qué diremos de los trasplantes de órganos? Los mismos se practican tanto a recién nacidos, como a adultos. Recordemos el caso del Bebé Fae. Este caso en particular fue muy conocido, ya que los médicos le implantaron un corazón de "mandril". Fue el primer bebé humano al que los médicos le implantaron un corazón no humano. Murió viente días después del transplante experimental.

Otros dos casos que fueron publicados en un diario local, fue el de otros dos bebés sometidos a trasplantes de corazón a los pocos días de haber nacido. Un caso impresionante lo fue el de W. Schroeder. Este fue el hombre que más tiempo vivió con un corazón artificial. Duró veinte meses con un corazón mecánico, el "Jarvick-7", hecho de plástico y metal.

VIAJES ESPACIALES

Otra hazaña del hombre, que es un reto abierto a Dios, son los viajes espaciales. ¿Podemos catalogarlos como señales en los cielos de acuerdo a la Palabra de Dios? El mundo fue estremecido por la tragedia en el espacio del "Challenger", cuando segundos después de su despegue, estalló en una inmensa e infernal bola de fuego; llevando a su conclusión la vida de siete astronautas. Ellos se lanzaron al espacio en una misión de trabajo, desconociendo que se lanzaban a un cumplimiento previo de lo que Dios hará al Sistema Espacial Mundial en el Armagedón. Dios está interrumpiendo la construcción de la Torre de Babel moderna. La soberbia del hombre es avergonzada. "Y las estrellas caerán del cielo, y las potencias que están en los cielos serán conmovidas" (Marcos 13:25; Abdías 1:4).

ADELANTOS TECNOLOGICOS

A nosotros nos ha tocado vivir en la era del adelanto y el conocimiento científico. El vasto aumento del conocimiento fue profetizado por el profeta Daniel miles de años antes. Las computadoras han hecho una sólida invasión a los mercados. Ellas y las demás maquinarias se han convertido en una parte importante dentro del medio ambiente para lograr una labor más rápida y efectiva. Sólo como muestra de los adelantos tecnológicos computarizados, recordemos que muchos bancos tienen el sistema de "cajero automático". Estos ayudan a recortar los costos laborales y a reducir las filas de clientes. Actualmente se está trabajando para hacer el uso de estas maquinarias más fácil y duplicar así su efectividad. De manera que estas máquinas, o cajeros automáticos no sólo entregarán dinero, sino que aceptarán depósitos, emitirán cheques, venderán cheques de viajero, harán operaciones aritméticas y contarán los depósitos.

Pero el hombre no descansa en sus investigaciones e intentos de llegar más lejos. Ya han preparado su "listado" de inventos e investigaciones para los años por venir. Veamos:

1989- Creación artificial de la vida primitiva.

1990- Creación de grandes "almacenes de datos" en las centrales telefónicas.

1992- Control regional de climas.

1995- Producción en masa de proteínas sintéticas obtenidas por nuevos procesos para solucionar el problema de la alimentación mundial. Inmunización biológica mundial contra las infecciones causadas por virus y bacterias.

1999- Desaparición de los defectos orgánicos transmitidos por herencia o "Ingeniería Genética".

2008- Crecimiento de órganos y miembros humanos por medio de la bioquímica.

2021- Control químico del envejecimiento.

2030- Incremento notable de la memoria mediante medicinas apropiadas.

2050- Creación de drogas para aumentar el cociente de inteligencia.

El pecado no está en el conocimiento o en las máquinas; el pecado está dentro del corazón del hombre. Este vasto conocimiento está siendo usado por el hombre para engrandecer su rebelión y soberbia contra Dios. Aunque el hombre pueda producir vida en un laboratorio, lo hará utilizando materia viva creada por Dios. El hombre se enfrenta a una gran interrogante que está directamente unida a su propia esencia; la supervivencia de la raza humana. ¿Tendremos próximamente una generación exclusivamente de laboratorio? El hombre no tiene que tomar ninguna decisión solo, y menos en medio de un vacío moral. La vida sólo puede evaluarse a la luz de la Palabra de Dios. El hombre tiene que conocer a Dios y su voluntad en medio de un mundo tan convulsionado como éste. Dios es inmutable. El sigue siendo el "Yo Soy" de Exodo 3:14. Por más adelantos que surjan, y por más descubrimientos e invenciones que el hombre haga, nunca logrará, ni siquiera en pensamiento, acercarse a Dios en sabiduría. El es el *único* que puede llenar el vacío interior que hay en el hombre; y sin El, el hombre sólo estará corriendo hacia su propia perdición.

CAPITULO 5

ASPECTO RELIGIOSO

Durante la Gran Tribulación todo el sistema religioso estará controlado por el anticristo y el falso profeta. En otras palabras, no habrá libertad de credo religioso. Habrá una sola iglesia mundial. El falso profeta tomará las riendas, presidiendo el más grande sistema religioso apóstata que jamás haya existido. Esto no será difícil, por cuanto la verdadera iglesia, la iglesia de Jesucristo, no estará aquí para hacerle frente. Para entonces, la iglesia ya habrá sido levantada y estaremos de bodas con el Cordero. Pero, ¡ay, de los que se hayan quedado en la tierra! De la misma forma que en el aspecto económico y político el escenario está preparado para entregar todo al anticristo cuando éste se dé a conocer, así también en el aspecto religioso todo está listo. Veamos algunos puntos que nos dan luz al respecto.

MOVIMIENTO ECUMENICO

Los que apoyan o favorecen la idea ecuménica, y participan de ella, estarán en la Gran Tribulación para darle la bienvenida al falso profeta. La Biblia dice, en Hebreos 12:14, que sin santidad nadie verá al Señor. Por lo tanto, es imposible que gente que respalda un movimiento sincretista, que abraza a todos, tanto al pecador como al creyente, pueda algún día ver el rostro del Señor.

Originalmente este movimiento ecuménico comenzó dentro del ambiente de las denominaciones protestantes como fruto de una gran verdad:

"El mensaje salvador de Jesucristo no puede causar efecto en las vidas si sus dirigentes se contradicen y se desautorizan mutuamente, por cuanto la Palabra de Dios es una".

El argumento bíblico que se utilizó a manera de defensa y apoyo para canalizar esta filosofía ecumenista fue San Juan 17:21. Pero la visión de unidad ecuménica envuelve una serie de ideas ajenas a la Palabra de Dios, donde el hombre ha tomado el mando con un espíritu de grandeza.

En la oración del Señor Jesús, en San Juan 17:21, dice:

"Para que todos sean uno, como tú, oh Padre, en mí, y yo en ti, que también ellos sean uno en nosotros; para que el mundo crea que tú me enviaste".

El Señor habla de "unidad espiritual", no de unidad orgánica o de estructuras, o unidad de esfuerzo humano, sino de una unidad en la persona del Señor Jesucristo producida por el Espíritu Santo, y no por la mano del hombre. La diferencia entre unidad y ecumenismo es evidente. Para que haya verdadera unidad, tiene que haber verdadera regeneración. "Os es necesario nacer de nuevo" (Juan 3:7).

El movimiento ecuménico es como un recipiente que recibe a todo el mundo; a creyentes e incrédulos. Es una mezcla de ideas modernas, de esfuerzos y metas humanas, de teología bíblica vista desde una perspectiva humana, y de falsas doctrinas. La unidad bíblica no puede ser una combinación de la luz con las tinieblas, cuando el Señor Jesús nos dice claramente: "¿Y qué comunión tiene la luz con las tinieblas? ¿Y qué concordia Cristo con Belial? ¿O qué parte el creyente con el incrédulo? ¿Y qué acuerdo hay entre el templo de Dios y los ídolos?" (2 Co. 6:14-18).

La meta del ecumenismo es fusionar todas las iglesias y religiones del mundo en una sola iglesia universal. Todo esto es el comienzo de la "Super iglesia". Semejante meta no es bíblica ni es práctica. El ecumenismo traiciona la verdad bíblica:

"¿Andarán dos juntos, si no estuvieren de acuerdo?" (Amós 3:3). Con el fin de favorecer la unidad de estructuras, se ha sacrificado el estricto sometimiento a la doctrina bíblica, dando así lugar al surgimiento de la religión de los últimos días (2 Pedro 2:1-2). Pero la verdadera iglesia de Jesucristo tiene que mantenerse firme, reconociendo la autoridad de la Biblia como *"única autoridad"* para nuestras vidas. La Biblia es la *infalible y eterna Palabra de Dios.*

Esta mezcla de creencias y confusión de ideas, es un engaño diabólico, donde en su ambición por la unidad total, no han tomado en cuenta la verdad de la revelación divina; y por lo tanto, tampoco tienen necesidad de "discernir los espíritus" (1 Co. 12:10; 1 Juan 4:1). Si el ecumenismo abraza gente de diversas creencias religiosas, es porque acepta sus dogmas y doctrinas. Pero la Biblia dice: "El que dice que permanece en él, debe andar como él anduvo" (1 Juan 2:6).

Otro punto muy importante es: "Seguid la paz con todos, y la santidad, sin la cual nadie verá al Señor" (Hebreos 12:14; 1 Ts. 5:23; 1 Co.5:7). La unidad verdadera no puede ser elaborada por el hombre, sino por la obra del Espíritu Santo, porque la iglesia de Jesucristo tiene que ser, "una iglesia gloriosa, que no tenga mancha ni arruga ni cosa semejante, sino que sea santa y sin mancha" (Efesios 5:27).

Podemos discernir claramente que el espíritu de apostasía final, el enfriamiento e indiferencia a la verdad bíblica de la iglesia apostólica, donde el vínculo del Espíritu les unía y donde los dones y el fruto del Espíritu se manifestaba a plenitud, está siendo opacado por el ecumenismo ateo y las sectas de error. Porque no sólo es ateo el que niega la existencia de Dios, sino también lo es aquel, que aunque dice que cree en Dios, vive y actúa como si Dios no existiera. Vive como su "yo" le dirige, (1 Juan 2:6).

No claudiquemos ante la tentación del ecumenismo. Ante una mezcla de esta naturaleza, la fe genuina se pierde. Este es el camino ancho y fácil, por donde transitan las almas que se pierden.

Entrad por la puerta estrecha; porque ancha es la puerta, y espacioso el camino que lleva a la perdición.

Mateo 7:13-14.

OTRAS CORRIENTES FILOSOFICAS

En cuanto a filosofías religiosas, la más sutilmente diabólica es el Humanismo Secular. Esta filosofía declara al hombre como el centro de la vida misma. Niega la existencia de Dios y la creación del hombre, por lo tanto es atea. Establece que el ser humano puede resolver sus propios problemas sin la ayuda de Dios. Es una doctrina de mentiras y engaño que promueve el libertinaje moral. Con esta doctrina nos llega la práctica del aborto, el sexo libre, el divorcio, etcétera. Ellos proclaman que nada es inmoral en sí mismo; que no existe el bien y el mal. El Humanismo Secular promueve la doctrina del hedonismo; ésta considera el placer como el fin de todas las cosas.

Juntamente con esta doctrina, pero en una forma muy sutil y discreta, el enemigo ha introducido, a través de los medios de comunicación, una trampa mortal: la "manipulación mental". Anteriormente hablamos de la manipulación científica, pero también, dentro de las distintas esferas de la comunicación, existe la manipulación. Por ejemplo, se manipula a un lector cuando en lugar de darle hechos verídicos, se le presenta fantasía disfrazada de verdad. En el aspecto de la religión, el nombre "Dios" es utilizado como un anzuelo para "motivar" a las masas y hacerles seguir a un líder. Muchas doctrinas de error utilizan este método para ganar adeptos. Es por esto que vemos multitudes, como hipnotizadas, siguiendo a un líder que en realidad no tiene nada bueno que ofrecerles. En el aspecto de las pinturas religiosas ocurre lo mismo; muchas veces miramos una pintura, sin entender que ésta esconde la expresión o el sentir de su autor. El que entra a una galería de arte se encuentra a merced de sus artistas, lo creas o no.

En el campo de la música esta manipulación se ha hecho sentir en una forma muy especial. La música rock ha arrastrado a millones de jóvenes a la perdición utilizando mensajes "sublimes". Estos son mensajes escondidos, enviados al subconsciente. Los mismos penetran al subconsciente a través de la vista y el oído. Pueden ser de carácter "negativo" o "positivo", preparados en forma premeditada con el propósito de "manipular". Nuestros medios de comunicación han sido inundados con todo esto.

Hoy día, usted puede solicitar un casete con el mensaje que dé diversos temas y para diversos propósitos. Por ejemplo: para rebajar de peso, ser positivo, vencer el insomnio, vencer vicios, etcétera. Muchos se consiguen bajo el título de "comunicación mental", "utilice mensajes sublimes", o "cómo usar tu mente para hacer lo que tú desees".

Queremos aclarar por qué escribimos "positivo" entre comillas. En primer lugar, nada que pueda manipular su mente o sus emociones agrada a Dios. Se define manipular, como *"el efecto de hacerle actuar de manera que no lo haría, si ese impulso no mediara"*.

Los medios de comunicación están siendo dominados por el enemigo, y a través de unos *"hilos"* muy sutiles, que son los mensajes de manipulación mental, están alejando a muchos de Dios. Si entiende que un mensaje es de carácter negativo, obviamente rehusará escucharlo. Pero cuando se trata de algo positivo, antes de asegurarse de lo que es, posiblemente cederá y lo escuchará. Ahora, quiero que analice lo siguiente:

"Supongamos que una persona tiene un problema, y que con un casete de un mensaje 'positivo' logra superar su crisis, ¿para qué necesita a Dios? ¿Qué lugar le daría a Dios en su vida, si logró superar su problema sin El?".

¿Qué dijimos anteriormente del Humanismo Secular? ¿En qué posición coloca al hombre? ¿Se da cuenta como le va alejando de Dios? No todos los milagros y no todo lo que nos parece bueno proviene de Dios. Con el casete del mensaje 'positivo' tal vez resuelva su problema, ¿pero con qué va a llenar el vacío que le quedará? ¿Con otro vicio, otro problema, con deportes, etcétera? Los deportes se han constituido en el alivio psicológico de la gente, pero su alma no la podrá llenar con deportes. Usted necesita a Dios.

Ahora quiero que compare los títulos de algunos mensajes de este tipo (sublimes), con la Palabra de Dios.

1. "Desarrollando tu autoimagen"   2 Cor. 5:17
2. "Salud"Mateo   8:17
3. "Revitalizar el sueño"   Salmo 3:5; 4:8
4. "Cómo ser positivo"   2 Ti. 1:7
5. "Mejore su memoria"   1 Co. 2:15

Del Humanismo Secular a la adoración satánica sólo hay un paso. El plan número uno de Satanás es alejar a la humanidad de Dios. Una trampa muy sutil del enemigo de las almas es hacerle creer al hombre que él no existe, y que Dios tampoco existe. Que todo es producto de la mente, que es sólo una idea ilusoria y dañina. El humanismo está propagando el ateísmo. Este se ha infiltrado en las escuelas, universidades, hogares, e iglesias; y sobre todo, en los medios de comunicación en masa.

Ningún cristiano verdadero puede ser partícipe de esta filosofía; es un arma muy engañosa. *¡Tengamos mucho cuidado con lo que leemos o escuchamos!*; en esta época, más que en ninguna otra, es preciso que escudriñemos la Palabra de Dios y nos aferremos a ella cada día más (Juan 5:39). Además, nos dice la Biblia:

Para que no seamos niños fluctuantes, llevados por doquier de todo viento de doctrina, por estratagema de hombres que para engañar emplean con astucia las artimañas del error.

Efesios 4:14

HIPNOTISMO

Otra arma muy peligrosa a la que se le ha dado mucha publicidad, es la hipnosis. También se le conoce como hipnoterapia. El hipnotismo se define como el procedimiento para producir sueño por sugestión. Esto también es manipulación mental, ya que la hipnosis le saca del consciente y le lleva al subconsciente, donde queda a merced del manipulador o hipnotizador.

De esta forma, el manipulador puede controlar su mente y llevarla hacia el pasado, donde la víctima va respondiendo a las sugestiones del manipulador; hablando, confesando y accionando todo su pasado de adulto, de su niñez, e infancia. Es aquí donde Satanás entra en acción haciendo que el hipnotizador haga declaraciones contrarias a lo establecido en la Palabra de Dios. Como es el caso de personas que dicen estar viviendo otras vidas, bajo otros nombres y en otras regiones. Esto es una clara intromisión del diablo para engañar y confundir las mentes haciéndole creer en la reencarnación, doctrina satánica refutada en la Palabra. En Hebreos 9:27 dice:

"Y de la manera que está establecido para los hombres que mueran una sola vez, y después de esto el juicio".

Este tipo de manipulación mental es un arma psicológica que se está usando aún dentro del campo de las investigaciones criminales, y por la policía. Además de esto, usted puede, si desea, tomar un curso por correspondencia sobre hipnosis, bajo la sutileza de *¡cambie su vida!* incluso, es fácil conseguir material grabado sobre "autohipnosis".

Todo esto también es un arma muy peligrosa del enemigo. Cualquier estado de hipnosis prepara tu mente para recibir lo que tu manipulador quiera decirte. Este es el caso de la música rock. Por ejemplo, un cantante de rock expresó:

"Puedes hipnotizar a la gente con la música rock. Cuando ellos están en su punto más débil, tú puedes predicarles a sus subconscientes lo que quieras decirles". Esta es la razón por la que, en un concierto de esta música, las personas se observan la mayor parte del tiempo, durante horas, en pie y con las manos en alto, haciendo con sus dedos la señal de Satanás, y moviéndose al compás de la música o repitiendo lo que el cantante dice. Los "rockeros" utilizan el sistema de "música repetitiva estridente", o sea, aguda, fuera de lo normal para adormecer la mente del joven, de manera que su mente esté preparada para recibir cualquier mensaje; estos siempre son negativos e inducen a vicios, crímenes, sexo ilícito, rebeldía, violencia, etcétera.

Estamos siendo invadidos por una enorme cantidad de falsas sectas y doctrinas, así como por filosofías satánicas. Es el tiempo del fin y el enemigo sabe que le queda poco tiempo, por lo que está lanzando toda su furia contra la humanidad, a través de todos los medios de comunicación. Tenemos conocimiento de que hay satélites que orbitan la tierra que pueden enviar mensajes sublimes a los aparatos de televisión y las personas que pasan sus buenas horas ante el televisor, los están recibiendo. De acuerdo a la conclusión de las personas envueltas en este asunto, éste es el mejor método para el hipnotismo en masa.

Cualquier persona que siga estas doctrinas, o alguna secta de error, está siendo sutilmente preparada para aceptar al falso mesías cuando venga.

EL FALSO PROFETA

El falso profeta es identificado en la Biblia como *"la otra bestia"*. Como dijimos anteriormente, él tendrá el control del sistema religioso apóstata más grande que jamás haya existido. No intentará buscar gloria para sí mismo; nunca será objeto de culto o adoración. Su labor será dirigir toda la atención del mundo hacia el anticristo. Tendrá un ministerio específico durante la gran tribulación: forzar a la gente a adorar al anticristo. Tendrá poder para realizar milagros, con los que engañará al mundo.

Obrará bajo el poder de Satanás. Hará que adoren la imagen del anticristo. Obligará a la gente a recibir la marca de la bestia. Esta es una forma muy *"sabia"* de descubrir quién apoya el gobierno del anticristo y quién no; quién es creyente en Jesús y quién no. El sistema de codificación mundial descubrirá a los santos.

Este líder religioso tendrá una apariencia dócil. La Biblia dice que tenía dos cuernos semejantes a los de un cordero. Esto simboliza una falsa mansedumbre. Con esta apariencia engañará al mundo, pero la Biblia dice que hablará como dragón, (Ap.13:11). Todas las filosofías y doctrinas que hemos mencionado anteriormente, son el escenario desde donde el falso profeta hará su debut religioso durante la Gran Tribulación. Todas estas personas, preparadas ya para recibirle, le seguirán y obedecerán. El les llevará a adorar al anticristo y a su imagen. La idolatría se practicará abiertamente.

Dios ama hasta el último hombre de la tierra (Juan 3:16). Dios ama al pecador, mas no ama el pecado. Por esto dice, "Esforzaos a entrar por la puerta angosta; porque muchos procurarán entrar y no podrán" (Lucas 13:23-24). Tristemente, la visión de muchos hoy día es la puerta ancha; la puerta que lleva al libertinaje de pensamientos, y por ende, al libertinaje de actitudes con respecto al reino de Dios. Para muchos, el reino de Dios es algo construido por el mismo hombre, de acuerdo a sus necesidades y a su parecer. Esto le ha gustado a muchos, por lo que han surgido muchas líneas de pensamiento que han arrastrado a muchos. Añadamos a esto el estribillo de: "Todas las religiones son buenas y conducen a Dios". Esto es una trampa diabólica. Esta confusión de ideas obviamente ha disminuido la capacidad de discernir entre la verdad y la mentira; entre el cristiano bíblico, (el "cristiano"), y la falsa doctrina. Se hace lo mismo que hacen los demás con una satisfacción y un conformismo asombroso.

CARACTERISTICAS DEL FALSO PROFETA

El falso profeta será también un hombre, pero un hombre posesionado totalmente por Satanás. Este hombre tendrá control sobre todo el sistema religioso durante la Gran Tribulación. Trabajará "mano a mano" con el *anticristo*. Con la aparición de este hombre se completará en forma atrevida una imitación de la santa Trinidad. Satanás es enemigo de Dios, pero también es su imitador como dijimos antes, por lo que creará su propia trinidad: él, representando al padre, el anticristo al hijo, el falso profeta al Espíritu Santo.

El falso profeta no trabajará independientemente del anticristo, sino que será su aliado. "Y ejerce toda la autoridad de la primera bestia en presencia de ella", (Ap.13:12). El anticristo y el falso profeta serán las figuras centrales del mundo; el anticristo como la figura política y el falso profeta como la figura religiosa. Este hombre tendrá el poder de obrar milagros. Con señales de engaño y mentiras persuadirá al mundo a rendir culto y adoración a la bestia. Logrará entonces, una unidad absoluta de estado religión. Este hombre tendrá sus actividades como líder absoluto del sistema religioso mundial durante la Gran Tribulación. Sólo el libro del Apocalipsis nos da detalles de este hombre y sus actividades:

1. Hará descender fuego del cielo a la tierra.
2. Engañará a los moradores de la tierra con señales.
3. Mandará a los moradores de la tierra a que hagan imagen de la bestia.
4. Infundirá aliento a la imagen de la bestia.
5. Hará señales en presencia de la bestia.
6. Hará marcar a la gente con el número 666.

Será el falso profeta quien presidirá la operación "marca individual mundial". El forzará a los hombres a identificarse con la bestia por medio de esta marca que tienen que recibir todos los moradores de la tierra, ya sea en la mano derecha o en la frente. La palabra "marca" implica una impresión hecha con un sello para marcar esclavos o animales. Como ya dijimos, los hombres se convertirán en esclavos de la bestia, y tendrán la marca de identificación de su esclavitud. Sin esta marca nadie podrá comprar ni vender. Será la señal del control económico total por este hombre y su aliado. Y el falso profeta será el símbolo del control religioso total.

La Biblia muestra claramente sus características, siendo algunas de estas:

1. Apariencia de Cordero, Ap. 13:11.
2. Habla como dragón, Ap. 13:11.
3. Enseña idolatría, Ap. 10:14.
4. Influye de un modo terrible sobre la gente, Ap. 13:12.
5. Opera milagros, Ap. 13:13.

LA VERDADERA IGLESIA Y SU ARREBATAMIENTO

Mientras estamos escribiendo este libro sentimos el inminente evento del Rapto o arrebatamiento de la iglesia de Jesucristo. Es algo que se percibe en el ambiente, y cada evento a nuestro alrededor así lo confirma. Las señales de Su pronta venida están cumplidas *ya*. Este será el más grande evento dentro de la historia.

La Biblia nos habla en Mateo 25:14-30, de "un hombre que yéndose lejos llamó a sus siervos y les entregó sus bienes, conforme a la capacidad de cada uno les entregó talentos. Después de mucho tiempo vino el Señor de aquellos siervos, y arregló cuentas con ellos". La cercanía de estos eventos debe ser motivo de inspiración y de consagración, sabiendo que, es tiempo *ya* de el Señor venir. El viene a buscar a Sus hijos y lo estamos esperando. El viene por Su novia, por Su iglesia gloriosa.

La iglesia de Jesucristo será arrebatada de esta tierra en un abrir y cerrar de ojos, (1 Co.15:52). Recordemos que la segunda venida de Jesús se realizará en dos etapas:

1. La primera venida de Jesús, en que vendrá solo hasta las nubes por los suyos. Los que se vayan serán los únicos que le verán. Es el arrebatamiento de la Iglesia (1 Tes. 4:16-17).

2. La Segunda Venida visible. En este momento, el Señor vendrá con Sus redimidos y pondrá Sus pies sobre tierra. Todo ojo le verá, (Ap.1:7, 19:11-14).

El arrebatamiento de la iglesia de nuestro Señor Jesucristo es la gloriosa y eterna victoria de la iglesia. La Segunda Venida constituye una buena noticia, porque esta edad es una de angustia y agitación. Es por esto que la profecía bíblica en general, pero en especial la segunda venida de Cristo, tiene tanta importancia y vigencia para la situación del mundo hoy. Cristo tiene que ser el tema y el objeto de nuestra predicación.

Hace años el hombre comenzó a surcar el espacio con sus viajes espaciales. Este impulso o deseo del hombre no cesará jamás, pero lo que ellos no saben es que esto es como una alusión a lo que realmente le ocurrirá a un pueblo. Pues el día del retorno de Jesucristo se acerca, cuando El nos librará de toda fuerza terrestre y surcaremos el espacio en un viaje glorioso donde estaremos siempre con el Señor. Será un viaje espacial, hasta la morada de Dios, y jamás volveremos a ser separados de El.

El arrebatamiento puede ocurrir en cualquier momento. Todas las señales están cumplidas ya. Después de este acontecimiento ya no habrá tiempo para reflexionar. Ahora es el momento para amonestarnos y reflexionar mutuamente sobre esto. Es sumamente importante que tenga una relación vital con Jesús para poder escuchar Su voz(1 Juan 2:28).Nuestro hombre interior tiene que ser renovado de día en día (2 Co. 4:16-18). Este evento del Rapto marcará una separación definitiva (Mt. 24:40-41). La iglesia será arrebatada de la Tierra antes que dé comienzo la Gran Tribulación en el escenario mundial.

Recordemos que no queda ninguna profecía por cumplirse antes del Rapto. Pero sí quedan eventos por cumplirse antes de la segunda venida visible del Señor Jesús. •

¿CUAL ES LA IGLESIA DE JESUCRISTO?

La verdadera iglesia de Jesucristo está compuesta de la totalidad de personas *"Nacidas de Nuevo"*, tanto judíos como gentiles. Gente lavada con la sangre preciosa de Cristo. La iglesia de Jesucristo no es una organización; es un organismo vivo, formado por todos los creyentes, (Juan 3:3-6). El, es la cabeza de la iglesia, y nosotros, los nacidos de nuevo, somos Su cuerpo; somos Su iglesia, y El es nuestro bendito Salvador, (Efesios 5:21-24).

¿QUIEN SERA LA NOVIA DEL CORDERO?

Nosotros, la iglesia, estamos llamados a luchar por llegar a ser la novia del Cordero y luego Su esposa. Después del nuevo nacimiento, el Señor quiere santificar y preparar a Su Novia para las bodas. Esta es labor del Espíritu Santo. Es nuestra responsabilidad renunciar totalmente al mundo y sus deseos; apartarnos de todo lo que a Dios no le agrada. El ser novia del Cordero demanda una consagración total a Dios; para luego poder ser Su esposa.

Por más hermosa que sea una boda aquí en la tierra, no pasa de ser una imagen débil de lo que serán las bodas del Cordero. Sabemos cómo se esmera una novia y cómo se prepara para el día de su casamiento, aun sabiendo que todo es pasajero, que la muerte puede separarle de su amado. ¡Con cuánto más anhelo, esmero, y fidelidad debemos prepararnos para ese evento glorioso! La novia del Cordero tiene que ser algo muy especial y delicado. En El hemos vencido la muerte; ya no habrá muerte; y estaremos con El para siempre (1 Co. 15:50-58).

En Efesios 5:25-27, la Biblia nos dice cómo debemos prepararnos para ser la Novia del Cordero. El verso 27 nos dice: "'Una iglesia gloriosa, que no tuviese mancha ni arruga ni cosa semejante, sino que fuese santa y sin mancha". Sólo creyentes santificados formarán el enlace con Jesucristo, el Cordero de Dios. En Ap. 21:9, un ángel le dice a Juan: "Sube acá, yo te mostraré la desposada, la esposa del Cordero".

Las Bodas del Cordero serán celebradas en el Cielo. La novia será arrebatada de la Tierra por el Espíritu Santo y entregada por él, al Señor Jesús. Este es un evento glorioso y sublime, donde Jesús será el centro de atención. El, literalmente, estará en el centro, con todo Su resplandor y gloria cuando le sea entregada su novia, limpia y gloriosa. En Ap. 19:7-8 dice: "Gocémonos y alegrémonos y démosle gloria; porque han llegado las bodas del Cordero, y Su esposa se ha preparado. Y a ella se le ha concedido que se vista de lino fino, limpio y resplandeciente; porque el lino fino son las acciones justas de los santos".

La Iglesia de Jesucristo tiene que santificarse por completo; "Y el mismo Dios de paz os santifique por completo; y todo vuestro ser, espíritu, alma y cuerpo, sea guardado irreprensible para la venida de nuestro Señor Jesucristo" (1 Ts. 5:23). Tal vez ahora comprendamos mejor las palabras de Hebreos 12:14: "Seguid la paz con todos, y la santidad, sin la cual nadie verá al Señor". La novia, sólo podrá ver el rostro del Señor, si ha sido santificada completamente.

UN LUGAR DE TORMENTO

Hablar de este tema es duro y nada fácil. Es muy bonito hablar del amor de Dios, Su perdón y salvación. Pero las Escrituras son muy claras cuando nos presentan la doctrina del infierno. Este es el destino de los perdidos y los condenados. Es un lugar que, el solo mencionarlo, produce temor. La Biblia habla sobre este lugar con tremenda seriedad. Esto nos obliga a hablar sobre este tema y sobre la ira de Dios sobre los pecadores. Caminar de espaldas a Dios, o conforme a los deseos de la carne, trae consecuencias muy serias.

La teología moderna niega la existencia del infierno. Utilizando los pasajes bíblicos que hablan del amor de Dios, quieren probar que es imposible que un Dios de amor lance a Su creación a un lugar de tormento. Pero Jesús mismo, el autor de la vida, el Dios de amor y misericordia que vino para salvar a los pecadores de la eterna perdición, fue el más grande predicador de la doctrina, y la realidad, del infierno.

El Señor comenzó Su ministerio terrenal predicando sobre la realidad del infierno (Mateo 5:22,29). Con negar la existencia de este lugar no ganamos nada. Si usted no cree que existe un lugar de tormento y eterna condenación, tampoco puede creer que exista un paraíso, un cielo de eterna gloria junto a Jesús; ya que quien predicó salvación, también predicó castigo eterno.

No podemos creer en la Biblia, y negar la existencia y realidad del infierno, porque estaríamos declarando a Jesús, el Señor, un engañador. La Biblia es clara y precisa cuando habla de ambos temas. Dios es santo y es justo. Hay sentencia de muerte eterna para el pecador, y victoria eterna, en la venida del Señor, para los justos y fieles.

El modernismo ha echado a un lado el infierno, catalogándolo de: pasado de moda, algo no probado, procedente del paganismo, y algo ideado por una mente poco culta, que sólo existe en la imaginación y fantasía de los hombres. Esto es una trampa del enemigo para alejar al hombre de Dios. Hay también muchos predicadores que no hablan de la realidad del infierno para no atemorizar a la gente.

El mismo Señor Jesús describió el fin de los pecadores de la siguiente manera: "E irán éstos al castigo eterno, y los justos a la vida eterna" (Mateo 25:46). El apóstol Juan, bajo la dirección del Espíritu Santo, escribió en Ap. 21:8: "Pero los cobardes e incrédulos, los abominables y homicidas, los fornicarios y hechiceros, los idólatras y todos los mentirosos tendrán su parte en el lago que arde con fuego y azufre, que es la muerte segunda". Y Pablo, refiriéndose a los incrédulos, escribió: "Los cuales sufrirán pena de eterna perdición, excluídos de la presencia del Señor y de la gloria de su poder" (2 Ts.1:7-9). Podemos citar más referencias bíblicas sobre el fin de los pecadores y lo que la Biblia enseña sobre este lugar. El infierno no es sinónimo de destrucción o aniquilación; es un lugar de tormento eterno como ya hemos señalado.

El Señor establece, en una forma clara y precisa, la horrible realidad del infierno. El no trata de asustarnos o amenazarnos, sino que nos presenta la realidad y el peligro del tormento eterno, y nos señala el camino para librarnos del mismo. "Porque de tal manera amó Dios al mundo, que ha dado a su Hijo unigénito, para que todo aquel que en El cree, no se pierda, mas tenga vida eterna" (Juan 3:16).

El infierno y el lago de fuego y azufre son dos lugares distintos. La Biblia enseña que el infierno será echado dentro del lago de fuego. "Y la muerte y el Hades fueron lanzados al lago de fuego. Esta es la muerte segunda" (Ap. 20:14). En este momento no hay persona alguna en el lago de fuego y azufre; pero este es el lugar destinado para el que no se encuentre inscrito en el libro de la vida, después del Juicio ante el Gran Trono Blanco. "Y el que no se halló inscrito en el libro de la vida fue lanzado al lago de fuego" (Ap. 20:15).

El anticristo y el falso profeta también serán lanzados vivos al lago de fuego y azufre. "Y la bestia fue apresada, y con ella el falso profeta que había hecho delante de ella las señales con las cuales había engañado a los que recibieron la marca de la bestia, y habían adorado su imagen. Estos dos fueron lanzados vivos dentro de un lago de fuego que arde con azufre" (Ap. 19:20). Al final del milenio Satanás también será lanzado al lago de fuego. "Y el diablo que los engañaba fue lanzado en el lago de fuego y azufre, donde estaban la bestia y el falso profeta; y serán atormentados día y noche por los siglos de los siglos" (Ap. 20:10).

Quien llega al infierno y luego al lago de fuego, allí permanecerá para siempre. Nada ni nadie le podrá sacar. El momento de escapar es ahora por medio de Jesús. "Yo soy el

Camino, y la Verdad, y la Vida; nadie viene al Padre, sino por mí" (Juan 14:6). No hay otro medio para escapar.

Algunos detalles de este lugar:

- Lugar de total ausencia de Dios para siempre Mateo 25:41-46
- Lugar de maldición. Ap. 16:11
- Lugar de tormento con fuego y azufre por los siglos. Ap. 20:10
- Lugar donde no hay descanso. Ap. 14:10-11
- Lugar preparado para el diablo y sus ángeles. Mateo 25:41
- Lugar para el que no se halle inscrito en el "libro de la vida". Ap. 20:14-15
- Lugar a donde irán los que no se arrepientan. Ap. 21:8
- Lugar donde habrá memoria y conciencia de lo pasado. Lucas 16:19-31

Como hemos mencionado, lo que hace aún más terrible y horrendo el infierno y posteriormente, el lago de fuego, es la total ausencia de Dios para siempre. Además del recuerdo de una vida en el pecado, y de un sinnúmero de oportunidades para ser salvo y escapar de este tormento y lugar de maldición que fueron rechazadas. El tiempo de *escapar* es ahora. El llamado a la salvación es ahora. La sangre de Cristo te limpia de todo pecado. El infierno es tan real como el paraíso. Usted decide donde quiere pasar la eternidad. La voluntad del Señor es que todos procedan al arrepentimiento y sean salvos (2 Pedro 3:9).

El anticristo y su lugarteniente, el falso profeta, enviarán a millares a ese lugar de tormento eterno. Sólo Cristo le puede librar de ese lazo en el que millares caerán y perecerán. *Venga a Jesús ahora y sálvase. ¡Pronto será tarde!*

CAPITULO 6

EL TEMPLO DE LA TRIBULACION

EL TABERNACULO

Originalmente, el tabernáculo era el lugar de la morada de Dios en medio del pueblo de Israel. Entendemos que, en sentido literal, es imposible reducir la grandeza y la presencia de Dios a un espacio. La Biblia, en Hechos 7:48-49, nos dice al respecto: "Si bien el Altísimo no habita en templos hechos de mano, como dice el profeta: El cielo es mi trono, y la tierra el estrado de mis pies. ¿Qué casa me edificaréis? dice el Señor; ¿O cuál es el lugar de mi reposo?" Pero el tabernáculo recordaba al pueblo de Israel que tenía la bendición de tener a Jehová en medio de ellos. De esta forma Dios peregrinaba juntamente con ellos.

El tabernáculo fue construido con ofrendas voluntarias del pueblo, por lo que cada persona tuvo la oportunidad de dar algo. Se ha calculado que el valor de estas ofrendas, hoy día, equivaldría a más de $1.000.000. Exodo 36:5-7, muy bien puede ser una confirmación de lo que acabamos de expresar, ya que nos dice que el pueblo llevaba mucho más de lo que se necesitaba para la obra que Jehová había mandado a hacer; tanto que Moisés tuvo que impedir que el pueblo ofrendara más.

El diseño y los detalles para la construcción del tabernáculo fueron dados por Dios, a Moisés en el monte Sinaí. Es decir, el diseño para el tabernáculo fue planificado en el cielo, y mostrado a Moisés en el monte. Moisés lo construyó exactamente como Dios se lo mostró durante los cuarenta días que allí estuvo. Naturalmente que Moisés estuvo al frente de la construcción, pero Dios había capacitado a hombres y a mujeres para realizar la labor. Fue construido de tal forma que resultaba fácil armarlo y desarmarlo, y era portátil para poder llevarlo de un lado a otro. La labor de la ministración, y la labor de cargar el tabernáculo de un lugar a otro, eran muy delicadas y ordenadas, y era responsabilidad de los levitas. Fue precisamente el pueblo de Leví, el designado por Dios para este ministerio especial; y por cuarenta años el tabernáculo fue llevado de un lugar a otro por ellos.

El tabernáculo tenía varios nombres tales como: "La tienda" o "El tabernáculo" (Éxodo 26:12-14); llamado así porque la cubierta exterior parecía una carpa. También se le conocía como "El tabernáculo de reunión" (Éxodo 29:42-44); y "Tabernáculo del testimonio" (Exodo 38:21); porque contenía el arca y las tablas de la ley. Y por último como "el santuario", porque era la morada santa de Dios (Exodo 25:8).

Este tabernáculo tenía propósitos específicos:

1. Proporcionar un lugar donde Dios habitare entre Su pueblo; además de recordar a los israelitas que Dios les acompañaba en su vida de peregrinos (Exodo 25:8).

2. Ser el centro de la vida religiosa, moral y social. La tienda se ubicaba en medio del campamento (Núm. 2:17). Era el lugar del sacrificio y el centro de la celebración de las fiestas nacionales.

3. Dios deseaba grabar en la mente del pueblo grandes verdades espirituales tales como: la santidad y majestad de Dios, su proximidad, y la forma de acercarse a un Dios santo.

4. Preparar a los hebreos para recibir la obra sacerdotal de Jesucristo. Los objetos y ritos del tabernáculo, también prefiguraban la verdad cristiana por venir (He. 8:1-2; 8-11; 10:1).

Este fue el templo de Israel desde su construcción en el Sinaí, (Exodo 19:1), hasta la construcción del templo de Salomón. Cuando finalizó la construcción, la nube de Jehová descansó sobre el tabernáculo como una señal visible de la presencia de Dios; y allí permaneció. Cuando Moisés intentó entrar en el lugar santo no pudo hacerlo. Tanto la nube como la gloria eran demasiado fuertes. La gloria del tabernáculo no residía en las cortinas magníficas, ni en el oro, ni en la plata, sino en la presencia del Dios viviente. Durante 400 años esta fue la morada de Dios entre el pueblo de Israel.

EL TEMPLO DE SALOMON

La edificación del templo de Salomón fue, tal vez, el logro más importante que él alcanzó durante su reinado. El comprendió lo importante que era tener un solo centro de adoración. Dios había hablado diciendo que El había escogido un lugar en la tierra para poner Su nombre (Dt. 12:2-7); es decir, para revelarse a Su pueblo. Si los sacrificios se limitaban al templo de Jerusalén, disminuiría la tentación de sacrificar en los lugares altos y mostraría a las otras naciones que Israel adoraba solamente a un Dios.

Las circunstancias eran propicias para llevar a cabo el anhelo de David; la construcción del templo; pues había paz (1 Reyes 5:3-4). David quiso construirlo, pero aunque fue un hombre conforme al corazón de Dios, y aunque era el rey, también era un ser humano con las fallas y debilidades que tenemos todos. Este privilegio le fue negado por Dios mismo; por cuanto era hombre de guerra (1 Cr. 22:8). Aunque David no tuvo el privilegio de edificar el templo, comenzó a preparar el material que sería utilizado para llevar a cabo la obra (1 Cr. 22:2-5). La construcción dio comienzo cuatro años después de la muerte del rey poeta.

Jehová escogió a Jerusalén como sede donde se levantaría el templo. Esta sería Su ciudad, la Sion amada, el lugar de reunión del pueblo de Israel. El sitio particular para llevar a cabo el proyecto fue el monte Moriah; el mismo lugar donde Abraham estuvo a punto de sacrificar a su hijo Isaac, como ofrenda a Jehová. Lugar ahora llamado la Cúpula de la roca; justamente debajo del centro de la actual mezquita mahometana. El terreno estaba situado en algún punto en la línea que dividía la tribu de Judá de la de Benjamín.

Como hemos indicado, el plan y todo el modelo del edificio fueron ideados por el propio Dios, el gran Arquitecto del universo; y siguieron estrictamente el diseño divino, con la excepción de que sus dimensiones fueron mayores. Los cimientos fueron puestos por Salomón en el año 1011 A.C., alrededor de 480 años después del Exodo. Su construcción duró siete años. Cada parte se preparaba lejos del lugar, y se colocaba en su lugar sin sonido de martillo ni de herramienta alguna (1 Reyes 6:7).

Para llevar a cabo la obra, Salomón obtuvo la ayuda del rey Hiram de Tiro. Este rey le envió a Salomón su más famoso arquitecto; a Hiram Abid, al frente de 153.000 obreros que fueron clasificados en tres categorías: aprendices, compañeros y maestros. El templo se hizo de grandes piedras, y de vigas y tablas de cedro recubiertas de oro (1 Reyes 6:14-22). Los costos del oro, la plata y demás materiales usados en su construcción fluctuaron desde dos hasta cinco billones de dólares. El templo contenía el Arca del Pacto, que fue rescatada por David, y que era el símbolo de la alianza entre Dios y Su pueblo, y representaba el honor nacional. El templo de Salomón estuvo en pie unos 400 años; (970-586) A.C. El magnífico templo fue destruido. Los conquistadores se llevaron el oro y todo el material valioso del templo, dejando sólo ruinas y devastación.

EL TEMPLO DE ZOROBABEL

Construido por los exilados judíos cuando regresaron de Babilonia, bajo muchas demoras y dificultades. La empresa fue dirigida por Zorobabel, príncipe de la casa real de David.

Aunque, básicamente, el templo era como el primero, no así su magnificencia. No había comparación posible en cuanto al lujo y la calidad arquitectónica.

De acuerdo a la Biblia, en Esdras 3:1-7, lo primero que se restauró de este templo fue el altar; "Y edificaron el altar del Dios de Israel, para ofrecer sobre él holocaustos". El pueblo restauró primero su adoración personal con Jehová, entendiendo que esto es más importante que la casa de adoración.

Comenzaron también a celebrar todas las fiestas, cuando aún los cimientos del templo no se habían levantado (Esdras 3:45). Según la historia, el lugar santísimo estaba vacío y el Arca del Pacto había sido destruida por los babilonios; y en el lugar santo sólo había un candelero con siete brazos de oro.

Este fue el templo que el rey seléucida Antíoco Epífanes saqueó y profanó con la abominación desoladora. Colocó una estatua de Zeus, dios principal de la mitología griega identificado con el Júpiter de los romanos, ante la cual ordenó que se ofrecieran sacrificios de cerdos; animal inmundo para los judíos (Dn. 8:12- 14, Levítico 11:7).

Los más viejos, que habían visto el primer templo, lloraban al ver este tan insignificante, comparado con el primero. Mas otros, daban grandes gritos de alegría (Esdras 3:12-13). El templo se reconstruye en cuatro años 520-516 A.C. y fue consagrado en medio de gran regocijo. Duró 500 años y fue reemplazado por el de Herodes.

EL TEMPLO DE HERODES

Consistió en un embellecimiento del templo de Zorobabel, pero con un contraste tan marcado que hacía una gran diferencia entre ambos. En el año 19 A.C. comenzó a realizarse el trabajo del templo, ordenado por Herodes. En los días de Jesús aún no estaba terminado. El trabajo principal duró nueve años. Fue completado en el año sesenta y cuatro D.C., seis (6) años antes de que fuera destruido por los romanos.

Este templo era la admiración del pueblo y fue contra este templo que el Señor lanzó Su profecía de que sería destruido, (Marcos 13:1-2). Y en el año setenta, el templo fue destruido por los romanos al mando del general Tito. Entraron a Jerusalén y la destruyeron de nuevo; y el templo fue arrasado hasta sus cimientos, tal como lo había predicho Cristo; no quedó piedra sobre piedra (Mateo 24:2).

El templo tenía la misma estructura básica del templo de Salomón, pero era mucho más grande. Era de grandeza indescriptible, de mármol y oro. Las terrazas incluían tres atrios. El primero era accesible a todos; se llamaba el "atrio de los gentiles". Este contaba con hermosos pórticos que se llamaban: Pórtico de Salomón y Pórtico Real (Juan 10:23; Hechos 3:11). El segundo atrio, el "atrio interior", era reservado para los judíos. Se dividía en dos partes: el atrio de las mujeres y el atrio de los israelitas. Y el tercer atrio, "el atrio de los sacerdotes", donde estaba el altar de los holocaustos.

En la parte más recóndita del edificio, estaba el templo con las tres partes tradicionales; el vestíbulo, el lugar Santo y el lugar Santísimo. En el sector del atrio de los gentiles, estaba el mercado de animales para el sacrificio y el de cambio de monedas para las ofrendas del templo; lo que suscitó la ira de Jesús (Juan 2:13-22). Este fue, precisamente, el templo que visitó Cristo. El templo sencillo de los judíos, construido cuando regresaron a Jerusalén después del exilio, había sido reemplazado por un magnífico edificio ordenado por Herodes el Grande.

EL TEMPLO DE LA TRIBULACION

La pregunta que permea el ambiente en este tiempo final es: ¿Cuándo y dónde se construirá el Templo de Jerusalén? Esta pregunta ha despertado gran interés, tanto de cristianos como de judíos. Muchos judíos creen que la construcción del templo acelera la venida del Mesías. Otros creen que El construirá el templo cuando venga.

El pueblo cristiano también está interesado en el cumplimiento de la profecía bíblica concerniente al templo y al anticristo. Como señalamos antes, y como ilustra la historia, el templo de Salomón fue destruido por los babilonios en el 586 A.C., y el templo de Herodes, el segundo templo, fue destruido por los romanos en el año 70 D.C.; por lo que, actualmente, Israel tiene el deseo de construir su templo y restaurar la adoración bíblica a Jehová. Naturalmente que Israel tiene las sinagogas como lugar de adoración, pero les falta el templo bíblico.

Los judíos creen que las enormes piedras del muro occidental en Israel, El Muro de los Lamentos, son los muros originales del templo antiguo. Allí lloran y oran por la paz de Jerusalén, y la pronta venida del Mesías. Pero no saben que cuando ellos tengan su tan deseado templo, quien se sentará en el mismo, será el anticristo; el falso mesías, (2 Ts. 2:3-4). El Señor Jesucristo nunca se sentará en ese templo. Este será el "Templo de la Tribulación". San Juan 1:10-11, es como una paradoja. "En el mundo estaba, y el mundo por El fue hecho; pero el mundo no le conoció. A los suyos vino, y los suyos no le recibieron". En cambio, recibirán y aclamarán al anticristo como el Mesías prometido. Se cumple la Palabra del Señor: "Yo he venido en nombre de mi Padre, y no me recibís; si otro viniere en su propio nombre, a ese recibiréis"(Juan 5:43).

La profecía del apóstol Pablo sobre el anticristo y el templo (2 Ts. 2:3-4), está a punto de cumplirse. "Nadie os engañe en ninguna manera; porque no vendrá sin que antes venga la apostasía y se manifeste el hombre de pecado, el hijo de perdición, el cual se opone y se levanta contra todo lo que se llama Dios o es objeto de culto; tanto que se sienta en el templo de Dios como Dios, haciéndose pasar por Dios". Pablo habló estas palabras hace como dos mil años; y en el 1960 los judíos ni siquiera tenían a Jerusalén, mucho menos un templo. ¿Cómo entonces se podría cumplir una promesa como esa?

LA GUERRA DE LOS SEIS DIAS

En el año 1967 los judíos reconquistaron a Jerusalén. El 8 de junio de ese año Jerusalén pasó enteramente a dominio israelí. Durante esta guerra, Israel fue atacada por Egipto, Siria, Jordania e Irak. Dios aún está con Israel, y la nación israelita fue informada sobre las actividades militares de estos países; por lo que pudo atacar primero.

El gobierno egipcio había planeado la destrucción del estado judío. Otros gobiernos habían puesto sus tropas al servicio de este gobierno con el mismo propósito. Pero ellos olvidaron quién es el Dios de Israel. Fueron seis días de miedo e incertidumbre para todo el mundo. Las sorpresas fueron grandes y la humillación para el enemigo de Israel terrible. El enemigo veía todo desde el punto de vista humano, y actuaron conforme a la lógica humana.

En estos seis días de guerra el enemigo perdió sobre veinte mil hombres y millones de dólares en armamentos y material bélico; mientras que Israel sólo perdió 700 soldados.

Israel actuó con valentía y conquistó cuatro veces el territorio de su país. Ocupó las alturas de Golán, Gaza, el Sinaí y la parte antigua de Jerusalén; donde se encuentra El Muro de los Lamentos y la margen occidental. Esta guerra duró seis días. El octavo día Israel reconquistó la vieja ciudad de Jerusalén por primera vez desde el año setenta D.C. Así, Jerusalén fue unificada y la ciudad entera vino a ser la capital del estado de Israel, además del remanente del gran templo de Herodes en Jerusalén. Dentro de estos muros estuvieron el Mesías verdadero y los antiguos sacerdotes del judaísmo bíblico.

El décimo día todos aceptaron abandonar las armas como resultado de la presión ejercida por las grandes potencias. Jehová peleó la batalla por Israel. Hay testimonios y testigos sobre el hecho. Testifica un soldado egipcio que él y sus compañeros vieron ángeles al lado de los israelitas. Algunos paracaidistas israelitas salieron con la misión de desalojar al enemigo de una posición estratégica, y llegaron al lugar como turistas porque los egipcios huyeron sin disparar un solo tiro.

Jehová Dios Todopoderoso luchó por su pequeña nación, pues de no haber sido así, nunca habrían vencido, ya que la desproporción de los ejércitos era marcada. "Pues no es difícil para Jehová salvar con muchos o con pocos" (1 S. 14:6).

Las cosas suceden en el orden de Dios. Jerusalén está ahora en manos de los judíos.

EL LUGAR DEL TEMPLO

La ubicación exacta del templo es todavía un misterio. Sin embargo, hay dos teorías. Cada arqueólogo y erudito tiene su propia teoría acerca de dónde será construido el tercer templo de Jerusalén. Una de las teorías es que el lugar es justo donde está la Cúpula de la Roca o la Mezquita de Omar; lugar sagrado de los musulmanes. Esta construcción tiene aproximadamente 300 años. Desde que alguien asumió que el templo estaba localizado sobre el mismo sitio que la Cúpula de la Roca, muchos han estado esperando con ansiedad que ocurra algún desastre y destruya la cúpula, de manera que el templo pueda ser construido en ese lugar. Pero ese lugar nunca será tocado por el pueblo de Israel para construir el templo, ya que hay una ley judía que prohíbe a cualquier judío tocar un lugar sagrado de otra religión. Otra teoría dice que el templo será construido al lado norte de la Cúpula de la Roca. De esta manera no se tocaría dicho edificio para nada, evitando así una posible confrontación entre judíos y musulmanes. Este lugar se llama la Cúpula de los Vientos o de los espíritus.

Veamos una referencia bíblica. Cuando David desobedeció a Jehová y censó al pueblo, Dios envió una plaga al pueblo, como castigo. Entonces David compró la era de Ornán, donde levantó altar a Jehová. Ornán quiso regalar la era a David, pero éste no quiso, sino que insistió en pagar, (1 Cr. 21:22-27).

De esta manera David estableció su derecho sobre esta propiedad. Si este es el lugar donde Israel debe construir su tan anhelado templo, el lugar le pertenece a Israel por derecho de compra, y no por conquista o regalo. Este título de propiedad todavía está vigente; la Palabra de Dios permanece fiel. Este es el lugar donde ahora mismo los musulmanes tienen su lugar sagrado de adoración, es decir, la Mezquita de Omar. La única razón por la que Israel permite a los musulmanes tener su mezquita en ese lugar es por preservar la paz.

En una ocasión, un hombre, queriendo ayudar a Dios y a Israel a construir su templo, incendió la mezquita de Aqza, para de esta manera, dejar libre el lugar a los israelitas. Esto trajo como consecuencia que los musulmanes pensaran en un sistema de cisternas más grande para evitar futuras tragedias. Durante las excavaciones, encontraron toda una hilera de grandes bloques de piedras a manera de una muralla. Un arqueólogo judío comenzó a hacer estudios sobre el hallazgo, pero durante una semana en que solicitó ayuda de otros arqueólogos, las autoridades musulmanas ordenaron continuar el trabajo, sin ninguna preocupación por el hallazgo.

Cabe la posiblidad de que el lugar del templo no sea exactamente el lugar de la mezquita, como opina un físico judío. De acuerdo a sus investigaciones, el lugar del templo original, y posteriormente el templo de Herodes, puede ubicarse sobre cien metros al noreste de la Cúpula de la Roca. Este judío utilizó antiguos escritos judíos, medidas antiguas de cortes de piedras, paredes, sistemas y fotografías aéreas a fin de verificar su argumento. Ahora mismo el problema básico es que los musulmanes tienen el control completo del Monte del Templo. Ellos reclaman el lugar porque son descendientes de Ismael. Ellos alegan que no fue Isaac, sino Ismael el hijo que Abraham ofreció a Dios; por lo que no hay oportunidad de que los arqueólogos judíos puedan excavar en el Monte del Templo. Ellos saben que cualquier cosa que pueda ocurrir, que cambie la situación del templo, puede ocasionar una guerra *"santa"*.

Hasta ahora ninguna excavación ha revelado ningún fragmento del edificio original del templo. Sólo estructuras que se habían construido alrededor del templo han sobrevivido de una forma u otra (Lucas 21 :5-6). Los restos más importantes de estas estructuras son las paredes que circundaban el templo, como el Muro de los Lamentos. Cabe la posibilidad de que la construcción del templo pueda estar en preparación secreta, y que Israel tenga conocimiento del lugar seguro de la construcción. Sabemos que en la sección judía de Jerusalén, jóvenes levitas están estudiando los rollos del templo y demás escritos, preparándose para la construcción del templo y la ministración en el mismo.

Si es evidente el lugar del templo, si los sacerdotes están preparados, y si se cuenta con los fondos necesarios para la construcción, entonces, ¿qué los detiene? Si el pueblo de Israel construye su templo ahora, en medio de la crisis existente y con el problema antisemítico tan marcado que existe, su construcción sería interrumpida y provocaría una guerra. Por lo que es preciso que haya un período de paz entre las naciones, antes de que Israel pueda construir su templo, y volver a los sacrificios y ofrendas, como en el tiempo del Antiguo Testamento. Nosotros, el pueblo nacido de nuevo, el pueblo salvo, que espera el rapto de la iglesia, no podemos tomar este evento como una señal, para entonces decir: "¡Ahora viene el Señor!". Nosotros tal vez nunca veamos el templo.

EL ANTICRISTO Y EL TEMPLO

Ahora mismo, el gran anhelo de los israelitas es la construcción del templo de Jerusalén. Posiblemente se construya con los métodos de arquitectura más modernos que tenemos hoy día. Será el tercer templo en Jerusalén, y el escenario del acto final del drama de Dios sobre la tierra. Es el templo donde la abominación desoladora, de la cual habló el Señor en Mateo 24, tendrá lugar cuando el anticristo se proclame dios y exija adoración.

Los judíos estarán de acuerdo con el anticristo hasta que éste se acerque al templo. El pueblo judío, y el mundo entero, estará agradecido de este hombre por haber arreglado la situación económica mundial y por traer la paz . Pero esto culminará cuando este hombre, con gran atrevimiento, entre en el templo. El hará colocar un trono en el santuario del templo de Jerusalén y se sentará en él haciéndose pasar por Dios . Reclamará la adoración como si estuviera en un nivel más alto que Dios mismo. Se declarará dios todopoderoso. Esta será la mecha que encenderá la guerra final. Los judíos no tolerarán esta profanación; se pondrán en pie de guerra y lucharán.

Es de nuestro conocimiento que Israel firmará un tratado de paz con el anticristo. Caerá en el engaño del enemigo una vez más; se sentirán seguros de esta paz. Ahora cabe preguntar, ¿será bajo la paz del anticristo que Israel construirá su templo y restaurará los sacrificios? No lo sabemos; pero sí podemos decir con toda seguridad, que el sitio del templo está listo para desempeñar el papel más importante y grandioso de la historia de Israel.

Es como una ironía; un espléndido templo nuevo, igual a los templos antiguos, a las antiguas moradas de Dios, será construido para contener y presentar al monstruo más bestial que el mundo jamás haya conocido, (2 Ts.2:1-12). Un líder mundial poderoso y comprometedor que propondrá una fórmula de paz para Israel y, eventualmente, se convertirá en un dictador terrible. El envolverá al mundo entero en una guerra como nunca se ha podido imaginar. Las guerras pasadas y presentes juntas, no podrán compararse a este holocausto mundial que está por venir.

Israel vivirá los momentos más trágicos y terribles de toda su historia. El profeta Isaías previno a Israel acerca de este error terrible que van a cometer. El dijo que harían pacto con el infierno y convenio con la muerte, (Isaías 28:15-18). Esto le va a costar la salvación a millares de judíos. Pero harán el pacto, porque todo el que se mueve de espaldas a Dios, en desobediencia, cae en las garras del enemigo.

Dios amonestó a Israel para que se volviera a la senda antigua, para que se volviera a El, pero Israel no obedeció, sino que continuó su camino.

> *"Así dijo Jehová: Paraos en los caminos, y mirad, y preguntad por las sendas antiguas, cuál sea el buen camino, y andad por él, y hallaréis descanso para vuestras almas. Mas dijeron: No andaremos".*

Jeremías 6:16

Esto les llevó a caer bajo el juicio más grande en que nación alguna jamás haya caído. Aún hoy día sufren el oprobio de otros países, por ser un pueblo sin paz. Pero aún les resta sufrir la humillación más grande, cuando se den cuenta de que el Mesías que tanto esperaban, ya vino, y ellos le rechazaron, y que Su lugar fue tomado por el hijo de perdición, una criatura infernal; y que, una vez más, habrán sido engañados por causa de su propia desobediencia.

Sólo falta un evento por cumplirse para que este hombre, el anticristo, pueda darse a conocer y tomar dominio de todo; ese evento es:

¡El Rapto de la iglesia! Después del Rapto, la tierra experimentará los días terribles de la Gran Tribulación; con juicios y dolor como nunca antes. Prepárese para el encuentro con Jesucristo, el Hijo de Dios. Cristo es la senda antigua, el buen camino; sígalo a El y escape para siempre de la terrible condenación.

CAPITULO 7

ISRAEL, UN PUEBLO ELEGIDO

Israel es un milagro de Dios desde sus comienzos. Su origen es divino. Sólo por el amor de Dios, Israel es aún pueblo; y sólo por la fidelidad de Su pacto con Abraham, Isaac y Jacob, Israel no ha sido destruido. Jehová Dios no eligió a Israel por ser una nación grande, sino porque era la más pequeña de todas y El quiso armarla. Leemos en Dt. 7:6-8:

> *"No por ser vosotros más que todos los pueblos os ha querido Jehová y os ha escogido, pues vosotros érais el más insignificante de todos los pueblos; sino por cuanto Jehová os amó, y quiso guardar el juramento que juró a vuestros padres, os ha sacado Jehová con mano poderosa, y os ha rescatado de servidumbre, de la mano de Faraón rey de Egipto".*

Ha sido un pueblo cuya fe ha sido probada desde el principio. Nacido de una mujer estéril de noventa años y de un hombre de 100 años. "¿Después que he envejecido tendré deleite siendo mi señor ya viejo?" Dios hace lo imposible, posible. Hebreos 11:12 nos dice acerca de Isaac: "... de uno, y ese ya casi muerto, salieron como las estrellas del cielo en multitud, y como la arena innumerable que está a la orilla del mar". Ciertamente Dios habló a Abraham, diciéndole: "Multiplicaré tanto tu descendencia, que no podrá ser contada a causa de la multitud" (Gn. 16:10). Pero también le dijo: "Ten por cierto que tu descendencia morará en tierra ajena y será esclava allí, y será oprimida 400 años" (Gn. 15:13-14).

De Isaac nacen dos gemelos: Esaú y Jacob, pero Esaú fue el primogénito, ya que nació primero. Este vendió su primogenitura a Jacob con juramento. Así menospreció lo que por derecho le correspondía. Luego Jacob, con engaño, robó la bendición de Isaac que también le correspondía a Esaú por haber nacido primero. A consecuencia de esto, Jacob tiene que huir de su hermano Esaú porque éste quería matarle. Al final de una larga jornada, Dios le llama y tiene que volver. A su regreso, tiene un encuentro con un personaje que resultó ser una manifestación de Dios, el cual luchó con él en Peniel (Gn. 32:22-32).

Jacob luchó por su bendición y la obtuvo. Y el varón le dijo: "¿Cuál es tu nombre? y él respondió: Jacob. Y el varón le dijo: "No se dirá más tu nombre Jacob, sino Israel; porque has luchado con Dios y con los hombres, y has vencido". El cambio de nombre de Jacob implica también un cambio de carácter. Jacob significa engañador, y en los años en que él estuvo trabajando con su pariente Labán, también fue engañado por éste. El hecho de que el varón luchó con Jacob y le descoyuntó el muslo mientras con él luchaba, implica la derrota del *"yo"* de Jacob y su quebrantamiento de espíritu, por lo que, cuando se encuentra con su hermano Esaú, a quien había engañado y robado, lejos de haber conflicto, hubo humillación.

> *Alzando Jacob sus ojos, miró, y he aquí venía Esaú, y los cuatrocientos hombres con él; entonces Jacob pasó delante de ellos y se inclinó a tierra siete veces, hasta que llegó a su hermano. Pero Esaú corrió a su encuentro, le abrazó y se echó sobre su cuello, le besó, y juntos lloraron.*

> Génesis 33: 1,3-4

De Jacob descienden las doce tribus, porque Jacob tuvo doce hijos, los que le nacieron durante el tiempo en que huía de Esaú.

EN EGIPTO

"Entonces Israel salió con todo lo que tenía y le habló Dios en visiones de noche, y dijo:

Jacob, Jacob y él respondió: heme aquí. Y dijo: Yo soy Dios, el Dios de tus padres; no temas de descender a Egipto, porque allí yo haré de ti una gran nación" (Gn. 46:1-3). "...Todas las personas de la casa de Jacob, que entraron en Egipto, fueron setenta" (Gn.46:27). Y habitaron en la tierra de Gosén 430 años, 400 de los cuales fueron de esclavitud (Gn. 15:13). "El tiempo que los hijos de Israel habitaron en Egipto fue 430 años" (Exodo 12:40-41). En Gosén murió Jacob, después de bendecir a sus hijos. También murió José a la edad de ciento diez años (Gn. 49:33; 50:26).

MOISES, EL CAUDILLO

Cuando Dios llamó a Moisés, ya Israel era un enorme pueblo esclavo en tierra de Egipto. Había crecido en gran manera; eran aproximadamente 600.000 varones (Exodo 12:37). Moisés recibió uno de los llamados más difíciles que se conocen. El tuvo la responsabilidad de tomar a toda una raza de esclavos y bajo circunstancias difíciles de expresar sacarles de Egipto, la nación más poderosa de entonces. Este evento fue un panorama de prodigios y milagros de parte de Dios. Bajo el mando de este caudillo, el pueblo fue testigo de milagros y portentos.

La rebeldía y las protestas siempre han caracterizado al pueblo de Israel. La severidad del camino les ponía rebeldes y dudaban de la presencia y la protección de Dios (Exodo 17:7). Aún habiendo sido testigos de tantos milagros, y de que con mano fuerte Dios les sacó de la esclavitud, ahora camino a la tierra prometida, en el desierto, el pueblo pierde el ánimo y comienza a quejarse. Sus ojos estaban puestos, más bien, en Egipto que en las promesas de Dios. No entendían que toda murmuración iba contra Dios y no contra Moisés (Exodo 16:8).

EN EL MONTE NEBO

Hay un detalle sumamente triste en la vida de Moisés. Este es el hombre más prominente del mundo precristiano. Es un hombre, ciertamente, clave en la historia de Israel. "Moisés era muy manso, más que todos los hombres que había sobre la tierra" (Nm. 12:3). Un hombre que aceptó el llamado de Dios a los ochenta años (Exodo 3; 7:7); y lo honró, respondiendo a éste, con un celo único. Fue el hombre que habló con Dios, cara a cara, como habla cualquiera a un amigo, (Exodo 33:11). El hombre que, cuando el pueblo se entregó a la idolatría, se ofreció a sí mismo como ofrenda de inmolación en lugar de los rebeldes (Exodo 32:31); y no descansó hasta que el Señor prometió ir con el pueblo.

Pero también fue el hombre a quien Dios no le permitió entrar a la tierra prometida, sino sólo verla de lejos, desde el monte Nebo, donde también murió y fue unido a su pueblo. Dt. 32:48-52:

> "Sube a este monte de Abarim, al monte Nebo, situado en la tierra de Moab que está frente a Jericó, y mira la tierra de Canaán, que yo doy por heredad a los hijos de Israel; y muere en el monte al cual subes, y sé unido a tu pueblo, así como murió Aarón tu hermano en el monte Hor, y fue unido a su pueblo; por cuanto pecasteis contra mí en medio de los hijos de Israel, en las aguas de Meriba de Cades, en el desierto de Zin; porque no me santificasteis en medio de los hijos de Israel. Verás, por tanto, delante de ti la tierra; mas no entrarás allá, a la tierra que doy a los hijos de Israel".

Para esto sólo hay una respuesta: Dios es inflexible en Su justicia.

LA TIERRA PROMETIDA

Ahora Israel se encuentra preparado para entrar a la tierra prometida, ya no bajo el mando de Moisés, sino bajo el de Josué. El libro de Números 33:11 nos habla de Josué como el "servidor de Moisés". Exodo 17:9 como "el lugarteniente de Moisés" en la guerra de Refidim, y Números 27:18 como "un hombre lleno del Espíritu Santo de Dios". Josué era un hombre práctico, de carácter firme, valiente y lleno de fe. Fue uno de los doce espías que mantuvo su testimonio de que, con la ayuda de Dios, los israelitas serían capaces de conquistar la tierra prometida (Números 14:6-9).

Entre los israelitas y la tierra prometida estaba el río Jordán. Una vez más Dios mostró Su gloria. Los israelitas fueron guiados por el arca, la cual fue llevada por los sacerdotes. El arca representaba la presencia de Dios en medio del pueblo. Los hijos de Israel cruzaron el río Jordán y acamparon en Gilgal. En Gilgal los varones de Israel fueron circuncidados; los nacidos durante los años en el desierto. La circuncisión era la señal de que eran el pueblo del Pacto (Gn 17:7-14). También se celebró la Pascua, y el maná cesó al día siguiente (Josué 5:1-12). Josué fue comisionado por Dios para conquistar a Canaán y repartir la tierra entre las tribus. Dios permanece fiel a Su Palabra, y la fidelidad de Dios en cumplir la promesa que había hecho a los patriarcas, de que les llevara a la tierra prometida, se cumple a través de Josué.

GOBIERNOS DE ISRAEL

Originalmente, el gobierno de los hijos de Israel era un gobierno teocrático. Aunque los ancianos gobernaban y juzgaban, era el Todopoderoso quien decía la última palabra. También estaban los jueces, quienes actuaban más como libertadores. Cuando el pueblo se apartaba de Dios y caía bajo la opresión de sus enemigos, Dios levantaba jueces para librarlos.

Con Samuel, un hombre también clave en la historia de Israel, cambia el sistema de gobierno. Fue bajo el ministerio profético de Samuel que el pueblo se rebeló y pidió un rey. El pueblo no entendía que no desechaba a Samuel, sino a Dios. "No te han desechado a ti, sino a mí, para que no reine sobre ellos (1 S. 8:7). Aunque Samuel les explicó lo que un rey exigiría de ellos, el pueblo insistió en que quería un rey como las demás naciones. Entonces, por orden divina, Samuel unge a Saúl por rey. Israel sólo tuvo tres reyes como nación unida; Saúl, David y Salomón. Cada reinado duró cuarenta años. A la muerte de Salomón el reino se dividió en dos:

1) Israel, al norte con diez tribus y Samaria como capital
2) Judá, al sur con dos tribus y Jerusalén como capital. Jeroboam, rey del norte, temiendo que el pueblo se apartara de sus dominios, debido a que tenían que subir al templo en Jerusalén, cometió el grave error de construir dos ídolos, imitando la religión pagana, e invitó al pueblo a adorarlos, atribuyéndoles la gloria de haber sacado al pueblo de Egipto.

Además, cambió las fiestas sagradas ordenadas por Jehová, y nombró como sacerdotes a personas que no eran de la tribu de Leví. De esta forma Jeroboam llevó al pueblo nuevamente a la idolatría, después de que Dios les había amonestado fuertemente por este pecado; y ¡cuánto habían sufrido y padecido a consecuencia de él! En cambio, el reino del sur se mantuvo en el trono conforme a la promesa de Dios a David. El culto a Jehová en el templo fue un factor clave para mantenerle en pie, aunque muchas veces recibió la influencia del reino del norte.

Dios levantó profetas como Eliseo, Elías, Isaías, etcétera, y reyes como Ezequías y otros, para sacarles de la idolatría y librarles del castigo, pero el pueblo estaba endurecido.

Manasés fue uno de los reyes más perversos que tuvo Israel. Este hundió al pueblo en una idolatría y paganismo terrible, (2 Cr. 33). Luego, bajo el reinado de Nabucodonosor, el pueblo fue llevado en cautiverio a Babilonia en varias ocasiones. La última vez estuvo cautivo en esta nación durante setenta años. El templo y toda Jerusalén fueron destruidos (2 Cr. 36:17-21). Fue entonces que Esdras y Nehemías entraron en escena. Después de la caída del imperio Babilónico, Ciro, el nuevo emperador, autorizó a los judíos a regresar a su tierra, y a reconstruir la ciudad de Jerusalén y el templo. Bajo su reinado se pusieron los fundamentos del segundo templo, y bajo el reinado de Artajerjes se edificaron los muros alrededor del templo.

EL MESIAS

Con el supremo acontecimiento de la venida de Jesucristo al mundo durante la época romana, se inicia la era cristiana. El anhelo del pueblo judío por su Mesías es realmente una paradoja. Indudablemente que El, por cuya llegada suspiraba el pueblo de Israel, vino a este mundo hace dos mil años en la persona de Jesús de Nazaret. ¿Por qué no le reconocieron y le aceptaron? Israel es un pueblo celoso de Dios, celoso de sus leyes, de su forma de comer y de trabajar, y muy celoso con su sábado. Tal vez por temor a faltarle a Dios, llegaron al extremo de ser "demasiado cuidadosos".

Por otro lado, los judíos de la época de Jesús querían ver en su Mesías a alguien que cumpliera todas las predicciones referentes a un gran libertador y rey. Todo lo que habían conocido durante siglos era el sufrimiento y la persecución. Por esta razón anhelaban libertad y seguridad. Estaban tan ciegos espiritualmente, que sólo pudieron ver en Jesús a un hombre que se hacía pasar por hijo de Dios y sanaba en sábado. Israel dictó sentencia contra el Mesías verdadero; le dieron la espalda y le crucificaron, después de pronunciar el juicio más terrible contra sí mismos: "Su sangre sea sobre nosotros y sobre nuestros hijos" (Mt. 27:25).

HOLOCAUSTO

La rebeldía y la desobediencia de Israel les ha llevado a sufrir lo indecible. La Palabra de Dios se cumplió literalmente. "Y caerán a filo de espada, y serán llevados cautivos a todas las naciones; y Jerusalén será hollada por los gentiles, hasta que los tiempos de los gentiles se cumplan" (Lucas 21:24). Los hijos de Israel fueron dispersados por todo el mundo; sufrieron la vergüenza de vivir expatriados. En distintas épocas históricas, Israel ha sido humillado. Las prácticas más injustas se le han aplicado. El fanatismo religioso le ha perseguido y atormentado, y han muerto en la forma más baja e inhumana. Pero fue bajo el régimen nazi que Israel sufrió la máxima humillación y persecución. Bajo la demencia de Adolfo Hitler perecieron unos seis millones de judíos.

Cuando la Segunda Guerra Mundial terminó en el año 1945, el mundo quedó entristecido y horrorizado al escuchar los relatos sobre el holocausto nazi. La persecución nazi hacia los judíos comenzó con presiones económicas. Se les prohibió asumir puestos de alto rango, tanto en la política como en la ciencia, y otras esferas públicas. Se les consideraba ciudadanos de "sangre impura" y de un status inferior. Se les prohibió casarse con alemanes y la defensa legal les fue negada. Además, los alemanes se apoderaron de sus posesiones.

Para la última mitad de la Segunda Guerra Mundial ya Hitler había planificado su total exterminación. Trazó un plan para la llamada "solución final". Este consistía en varias formas de exterminar a los judíos. Les llevaban al campo y se les ordenaba hacer pozos, que después de ser fusilados, se convertirían en sus fosas. Se les enviaba a barrios llamados "ghettos", a fin de aislarlos del resto del país, y socavar su moral sin permitirles la autodefensa. Un gran número murió por inanición. Se les llevaba a campos de concentración donde se les destruía física y psicológicamente. Miles murieron en los "cuartos de duchas", donde en lugar de agua, salía gas que los mataba. Tanto a niños, como a hombres y a mujeres se les hacía desnudar, y entrar con los brazos levantados para que cupiesen el mayor número de personas posible. Esta ejecución duraba quince minutos. Cuando todos habían muerto, se abrían las puertas y un grupo de trabajo, compuesto también por judíos, retiraba los cadáveres y preparaba todo para el próximo grupo.

Israel tuvo que sufrir la vergüenza de vivir errante, disperso por todo el mundo, sin una patria. Aún dos años después de la guerra había judíos desplazados por el mundo, y sin encontrar un hogar. Fue precisamente después del holocausto nazi que brotó en ellos el deseo de una patria.

EL ESTADO DE ISRAEL

La fecha de 1948 es la fecha más importante para el pueblo de Israel. Después de casi 2.000 años de destierro y de sufrimientos sin fin, su resurgimiento es casi increíble. El regreso de los hijos de Israel a su patria es un milagro. El pueblo judío es una prueba de la existencia de Dios, y es un reloj que marca la hora en que vivimos en esta dispensación de la gracia. Todavía Dios pelea por Su pequeño Israel; El nunca desechó a Su pueblo. Y con este pueblo tan peculiar se cumplen hoy profecías bíblicas dadas hace miles de años. Israel es un pueblo odiado por unos y amado por otros. Y es que Israel ha sido perseguido, burlado y humillado; ha tenido que librar batallas con un pequeño grupo de gente; y mientras grandes imperios han caído y desaparecido, Israel se mantiene en pie negándose a desaparecer, y luchando por lo que cree y por lo que le pertenece.

En ocasión de la guerra de los seis días, el dictador egipcio Nasser, expresó: "Destruiremos a Israel y lo echaremos al mar". Nasser no sabía que Jehová Dios Todopoderoso, el Dios de Israel, había dicho: "Así ha dicho Jehová, que da el sol para luz del día, las leyes de la luna y de las estrellas para luz de la noche, que parte el mar y braman sus ondas; Jehová de los ejércitos es Su nombre: Si faltaren estas leyes delante de mí, dice Jehová, también la descendencia de Israel faltará para no ser nación delante de mí eternamente. Así ha dicho Jehová: si los cielos arriba se pueden medir, y explorarse abajo los fundamentos de la tierra, también yo desecharé toda la descendencia de Israel por todo lo que hicieron, dice Jehová" (Jeremías 31:35-37).

Nasser no sabía que antes de tocar a Israel para destruirle, tendría que desafiar las leyes naturales. Desconociéndolo atacó a Israel y cometió el error de tratar de exterminar a los judíos. Así, Egipto sufrió la vergüenza de tener que huir ante la pequeña Israel, que luchó con celo y fervor patriótico contra un enemigo que tenía mayor número de tanques, aviones y fusiles. Ninguna persona o nación podrá jamás destruir a Israel. "Porque así ha dicho Jehová de los ejércitos: ... porque el que os toca, toca a la niña de su ojo" (Zac. 2:8).

Desde el 1948, Israel ha sufrido una guerra tras otra. A lo largo de sus cuarenta años ha tenido que enfrentarse a cinco guerras; la guerra de los Seis Días y la Guerra del Yom Kippur, entre otras. Israel no ha cesado de tener un conflicto tras otro y verse asediado por otras naciones. Actualmente está enfrascado en una lucha contra un levantamiento palestino que está llevando a su final muchas vidas.

En el año 1967 llegó el momento de mayor triunfo para Israel, y también el comienzo de sus problemas actuales. Durante esta guerra, Israel acabó teniendo tres veces su territorio original. Israel tomó posesión de la antigua Jerusalén y proclamó que la ciudad era la capital de la nación. Pero las naciones árabes, Egipto, Siria, Jordán y otras, están apelando a las Naciones Unidas para expulsar a los judíos de la ciudad vieja de Jerusalén. Nosotros conocemos que Jerusalén era la antigua capital del Reino de Judá donde reinaron David, Salomón y otros reyes judíos. El problema por estas tierras ha prevalecido hasta hoy. Aunque se han suscitado otras guerras, como la guerra del Desgaste (1969-1970) y la guerra de octubre en 1973; es este conflicto palestino, consecuencia de la guerra del 1967, conocida como la guerra de los Seis Días, el que mayor daño le está haciendo a Israel. Después de la victoria de esta guerra, que verdaderamente fue un triunfo para el ego judío, se ha generado una actitud agresiva por parte de los enemigos de Israel.

En ocasión de haber terminado la guerra de los Seis Días, fue David Ben Gurión, quien manifestó a Israel que debía devolver todos los territorios capturados durante la guerra, ya que conservarlos podía opacar y eventualmente destruir la imagen del estado judío. Esto se llevaría a cabo, a cambio de una promesa de negociar la paz. Pero hubo oposición de hombres israelíes, que obstaculizó las propuestas. Todavía hoy, Israel sufre las consecuencias de la 'victoria' de esta guerra. Veintiún años después, todavía Israel tiene los territorios, aunque no de una manera obstinada. El que Israel haya logrado tanto en medio de una guerra, es impresionante. Pero el levantamiento de los palestinos y la respuesta judía han molestado a los israelíes y a los judíos del extranjero, y también al mundo en general.

JUDIOS, ¿QUIENES SON?

El pueblo judío, israelita, hebreo o sionista, no importa el nombre, es un solo pueblo, pero no constituye una raza. Podemos encontrar a lo largo y ancho de la faz de la tierra judíos de piel blanca, de piel negra como los judíos de Etiopía, y de piel amarilla. La misma Biblia nos narra cómo desde el principio de su historia los judíos se mezclaron con otras razas. Por ejemplo: José, el hijo de Jacob y Raquel, se casó con una mujer egipcia; Moisés mismo tomó por esposa a una mujer kusita, que implica que era una mujer negra. Cuando los israelitas salieron de Egipto, guiados por Moisés, con ellos salió una gran cantidad de gente no hebrea que se unió a los israelitas. Ruth, bisabuela de David, era una mujer de la tribu de Moab.

Israel es un pueblo, una gran tribu unida con fuertes lazos familiares, tan estrechos, que hace imposible la disolución de este pueblo. Es un pueblo que no se puede separar de su religión porque nació con ella. La religión judía es la que dio origen al pueblo judío. Al hablar de religión, de judaísmo, tenemos que hablar de Israel. Israel no está dividido por religiones o dogmas. La vida completa de un judío está atada a los mismos preceptos religiosos. Un judío es un religioso; aquí no hay lugar para un mundo no religioso.

Un judío es una prueba indiscutible de la inspiración divina y por ende, una evidencia de la existencia de Dios. En cierta ocasión, Federico el Grande pidió a su capellán que le mostrara una evidencia sólida de la inspiración divina de la Biblia; a lo que éste contestó: "El pueblo judío, su majestad".

ISRAEL HOY DIA

Hoy, el estado de Israel es un país moderno. Es el hogar nacional de cada judío en el mundo, aunque se calcula que aún quedan en la diáspora unos 9.3 millones de judíos. Actualmente su población se calcula en unos 4.037.620 habitantes. Inmediatamente después de su establecimiento como estado, comenzó una emigración masiva de judíos para su nuevo hogar. Para el año 1950 se realizó la llamada "Operación alfombra mágica", a través de la cual cuarenta y cinco mil judíos arribaron a Israel. Las fechas de 1948 al 1951 fue un tiempo de inmigración en masa a Israel. Para el mismo tiempo el 'Kenesset', Parlamento de Israel, bajo la Ley del retorno, proclamó que: "Todo judío tiene derecho a ser ciudadano de Israel, por lo tanto, todo judío tiene derecho a emigrar a la tierra de Israel".

Como consecuencia de esto, Israel se enfrentó a una serie de problemas. No todos los judíos venían del mismo lugar, costumbre, o estructura social. Israel tuvo que enfrentarse con personas que tenían problemas sociales, económicos y físicos. Gente enferma, lisiados, casos criminales y afectados psicológicamente. Israel ha sufrido y ha tenido que luchar como ningún otro país o pueblo en el mundo. Ellos están solos en el mundo, y si han sobrevivido es por esfuerzo propio y por la misericordia de Dios. Israel ha salido victorioso de todas las agresiones sufridas, así como fortalecido y más consciente de su "desiderátum" histórico. Es decir, Israel sabe que es como un objeto que el mundo desea.

EL LIBERTADOR DE ISRAEL

A los cuarenta años de vida, Israel luce cansado y extenuado. Los ideales de su fundación como estado ya no son tan fuertes; hay desilusiones. Su mesías no acaba de llegar, Israel no tiene amigos. Sólo los EE.UU. se han mostrado amigos, pero no le han sido muy fiel. Israel espera por alguien que le entienda y le dé la mano; espera que se extienda una mano amiga. Israel vive en una tensión constante. Es un pueblo sin paz. Pero, es que no puede haber paz sin el verdadero Mesías. Todavía a Israel le toca beber la copa más amarga de toda su existencia por haber despreciado al Mesías verdadero. Hace aproximadamente dos mil años se presentó un hombre con todas las credenciales de la profecía, que le señalaban como el Mesías verdadero, pero no le aceptaron. Junto con este rechazo, también rechazaron el reino de Dios y la salvación.

Para un judío de este tiempo, Jesús el Señor, es el Dios de los gentiles, pero no el Dios de los judíos. La expresión de un judío ortodoxo es que: "¡Ningún judío puede creer que Y's-hua es el Mesías! ¡No se puede creer en Jesús y ser judío!" Ellos esperan su Mesías, ahora en este tiempo, más que en ninguno otro. Para ellos, también el año 1988 marcó un tiempo especial dentro de su peregrinaje como pueblo elegido y como nación". ¡Israel, tu redención se acerca! Así se leían las pancartas en la celebración de los cuarenta años de aniversario, que Israel celebró en octubre del 1987.

Me contaba un pastor, que estuvo en Israel en el año 1987, que el guía de su grupo era un judío que tenía conocimiento profundo del Antiguo Testamento. Según los llevaba por diferentes lugares bíblicos, les explicaba todo con lujo de detalles. Este pastor se quedaba sorprendido por la forma clara y precisa en que él explicaba todo. Dice él, que cuando llegaron a la parte de la muralla, les señaló una puerta que estaba cerrada y les dijo:

Esa es la puerta Dorada. Por ella, esperamos que entre el Mesías, que sabemos viene pronto. El año que viene (1988), se cumplen cuarenta años de nosotros habernos establecido como nación. Sabemos que algo grande va a suceder. Si es que viene el Mesías, no lo sabemos, pero sí sabemos que pronto algo grande ha de acontecer. Israel siente que su redención está muy cerca, que por fin la Palabra de Dios se cumplirá para ellos literalmente.

Israel tiene un glorioso futuro en la posesión de su tierra. La Palabra de Dios dice en Amós 9:15: "Pues los plantaré sobre tierra, y nunca más serán arrancados de su tierra que yo les di, ha dicho Jehová Dios tuyo". Pero antes, Israel será engañado nuevamente, cuando este 'amigo de la paz' establezca un pacto de no agresión con Israel, es decir, de paz . Israel busca un protector y amigo que luche contra sus enemigos. Supongamos que aparece un hombre, un político con un plan de paz para el Medio Oriente. Esto le haría ganar el favor de los judíos, y, naturalmente, al tratar de hacer un esfuerzo para establecer la paz, serán engañados por un falso Cristo. Firmarán un pacto de paz con el anticristo quien, a su vez, les traicionará, rompiendo dicho pacto a la mitad de la semana, esto es, a los tres años y medio. Daniel 9:27 dice: "Y por otra semana confirmará el pacto con muchos; a la mitad de la semana hará cesar el sacrificio y la ofrenda".

Todas las señales para la aparición de este hombre están cumplidas, por lo que las señales para la venida del Hijo del Hombre, también están cumplidas. Pero el hijo de perdición no podrá manifestarse hasta que el pueblo de Dios sea quitado de la tierra. Entonces Israel se enfrentará al anticristo, cuando éste se siente en el templo como dios. El templo judío que tanto han anhelado y que para entonces habrán construido, será profanado por este hombre abominable. Este será el tiempo más terrible para el mundo, especialmente para el pueblo de Israel. Durante este período, las naciones del mundo se van a congregar para la última gran batalla; la batalla de Armagedón. Jesús mismo descenderá con gloria y majestad a intervenir en esta batalla, (Zac. 14 y Ap. 19:21). Entonces, Israel entenderá que fueron engañados, y que su Mesías vino en la persona de Jesús y ellos no le aceptaron. ¡Gracias sean dadas al Señor, que hoy, como nunca antes, hay un creciente número de judíos buscando y preguntando por su Mesías. Están preguntando por Jesús. Están mirando a aquel que viene en el nombre del Señor, y han dicho: *"Y'shua Ha Mashiaj*, esto es: ¡**"Jesús es el Mesías"**!

EPILOGO

El tema del anticristo es un tema decisivo para estos últimos tiempos. Hacía años que yo no predicaba sobre este tema en Puerto Rico, ni sentía tocarlo. Pero empezando el año 1988, Dios me mostró que predicara este mensaje. Naturalmente, es el tiempo decisivo para esto. ¡Ahora más que nunca, el mundo tiene que saber lo que le espera, si no se afirma en la fe de Cristo Jesús!

Para el año 1987, el Señor me permitió llegar por primera vez a Europa, a llevar Su Palabra. Tuvimos campañas en España, Portugal y Francia. Entendía que el ambiente que me esperaba era muy difícil y rígido, pero era el Señor Jesucristo quien me enviaba a llevar Su Palabra a esas tierras lejanas, y en EL había puesto mi confianza.

Fue una gran experiencia predicar el mensaje profético del anticristo en el mismo lugar geográfico donde este hombre infernal se va a manifestar. El lugar del antiguo Imperio Romano, ahora la sede del Mercado Común Europeo. Este lugar, la Europa Occidental, es el lugar específico del imperio del anticristo y de los días de la Gran Tribulación (Mt.24:21). Pronto este hombre tomará dominio de la confederación de las diez naciones, y lanzará la Tierra a la época más terrible que jamás haya vivido este planeta.

Cuando llegué a Europa, España y Portugal acababan de unirse al Mercado Común Europeo, formando así una confederación de doce países. Eso nos muestra que dos tendrán que salir, porque el anticristo va a tomar diez reinos, no doce.

La Biblia no puede fallar ni un ápice porque es matemáticamente precisa. Dos países saldrán. Fue extraordinario ver, que luego en un diario se publicó una proclama del Mercado Común, donde ellos expresaron que están decididos a sacar dos naciones fuera; porque la economía del Mercado no está lo alta que ellos creen que debe estar. Sólo el Señor sabe cómo hará para que Su Palabra se cumpla. "El cielo y la tierra pasarán, pero mis palabras no pasarán", dice la Biblia en Mateo 24:35.

La Biblia dice: "Sea Dios veraz, y todo hombre mentiroso", (Ro. 3:4). En este viaje a Europa tuve la experiencia de leer, en uno de los periódicos, una noticia muy interesante. Decía que dentro de poco van a quitar las fronteras entre países; que el territorio de los países de la Confederación quedará como si fuera un solo país enorme. Podrán pasar libremente de un país a otro sin pasaportes, sin que nadie les detenga. Hay naciones como Francia, Inglaterra y Alemania, con un terrible poderío nuclear, unidas como un solo imperio poderoso. La noticia del periódico la pude vivir como una experiencia más en mi vida. Estando en España tuve que ir a Portugal a cumplir compromisos de predicación. Cuando fuimos a pasar la frontera con todo el equipo que llevábamos, el encargado del Ministerio Cristo Viene, en España, sólo mostró una tarjeta y nos dejaron pasar sin revisar el equipaje.

Este es el territorio del anticristo. Estos países no saben lo que se aproxima, y en manos de quién van a caer. Cuando predicaba este mensaje en Francia los pastores se sorprendían, como si nunca hubieran escuchado hablar de este tema, viviendo ellos en el epicentro del imperio del anticristo. El ambiente está preparado, sólo falta que el hombre aparezca y establezca su gobierno. Entonces, sus actuaciones, su sabiduría, su sagacidad y todos sus movimientos, convencerán a las naciones de que ese es el hombre que hay que ayudar, apoyar y seguir, para que haya paz, se acabe la inflación y terminen las tragedias.

Este hombre está a punto de manifestarse, pero los líderes mundiales no saben que es el anticristo. No lo saben porque le han dado la espalda a Dios; le han puesto a un lado, y en su propia sabiduría han querido resolver sus problemas. El mundo caerá en las garras de un hombre que se moverá, no con poder propio, sino con el poder de Satanás. El diablo le pasará el trono y todo su poder a este hombre; y entonces, su poder persuasivo será tan terrible que todas las naciones, lenguas, tribus y reinos le seguirán y creerán en él. Naciones tan poderosas como los Estados Unidos y Rusia creerán en ese hombre y se dejarán engañar. Dominará prácticamente toda la tierra.

Cuando Jesucristo vino no creyeron en El, le dieron la espalda, siendo El la verdad. Ahora sucede lo mismo; se predica el mensaje de Cristo, y si *usted* no le acepta, hay una sentencia de engaño sobre su persona; creerá en la mentira. Se encontrará creyendo en la idolatría, la hechicería, la brujería, el espiritismo, la santería o cualquiera de los movimientos diabólicos de este tiempo postrero. En este tiempo postrero la señal más grande del retorno de Cristo es el engaño . "Mirad que nadie os engañe", dice en Mateo 24:4. Las falsas sectas, falsas religiones, y las doctrinas satánicas están enviando al infierno a millares. La Biblia dice que por cuanto se negaron a creer en la Verdad, Dios permitiría que creyeran en la mentira. "Por cuanto no recibieron el amor de la verdad para ser salvos, Dios les envía un poder engañoso, para que crean a la mentira, a fin de que sean condenados todos los que no creyeron a la verdad, sino que se complacieron en la injusticia" (2 Ts. 2:10-12).

Sólo hay una verdad, El Señor es la única verdad. Confiésele como la única verdad. Todo el que invocare Su nombre será salvo. Y si usted, sabiendo que Cristo es la única verdad, que murió por usted en la cruz del calvario, que derramó Su sangre inocente; deja la salvación para otro día, se está moviendo camino al infierno. Decídase; no siga caminando sin Jesús; camine en la verdad. Abrácese con la verdad. Hay una sola verdad. Cristo lo dijo: "Yo soy el camino, y la verdad y la vida... " (Juan 14:6). "Santifícales en tu verdad; tu palabra es la verdad" (Juan 17:17). Fuera de Jesús no hay nadie ni nada que pueda salvarle. No mires hacia atrás ni hacia los lados, mire hacia arriba y decídase ahora mismo por Jesucristo. "En él estaba la vida, y la vida era la luz de los hombres" (Juan 1:4).

Cuando el anticristo aparezca todas esas naciones que le han dado la espalda a Jesucristo, que están materializadas, que tienen en los congresos hombres que han prohibido que se lea la Biblia en las escuelas, caerán en ese lazo satánico mortal y terrible. Satanás les engañará trayendo un movimiento de 'paz y prosperidad', que hará que las naciones griten: ¡Por fin llegó el hombre que esperábamos; con paz, seguridad y prosperidad. Se acabó la inflación!" No entienden que serán llenos de toda la maldad del diablo. El engaño más terrible que jamás se haya desatado envolverá a todas la naciones y a todos los moradores de la tierra.

El diablo siempre ha querido imitar a Dios, y con su trinidad satánica envolverá a todos los moradores de la tierra. Esta trinidad satánica va a engañar al mundo, lo que conducirá a la catástrofe más grande que jamás se haya visto. Esto viene. No hay quien lo impida, y está a punto de ocurrir. Tristemente, todavía al pueblo de Israel le resta sufrir parte del juicio que empezó hace casi dos mil años. Aún le queda el cumplimiento final terrible en los días que vienen. Después del rapto de la iglesia de Jesucristo toda la atención de Dios será para Israel. Siete años que completarán las setenta semanas de años que profetizó Daniel hace más de 2.500 años.

Hay un detalle sumamente importante relacionado con este hombre infernal. Lea con mucho cuidado Apocalipsis 13, donde dice que el número de la bestia es el 666. Ese es el número bíblico, el número profético de este hombre. El seis es el número del hombre, y en este caso se repite tres veces. Estando en Francia, predicando me contaron el testimonio de una nena que nació de padres gitanos inconversos. Cuando nació, los médicos se espantaron porque tenía el 666 en la frente, en la palma de las manos y en el abdomen. Los médicos trataron de borrar el número, utilizando soluciones químicas, sin ningún resultado. Dios está mostrando que los días del 666 han llegado, que el anticristo está a punto de manifestarse.

Ante un cumplimiento profético tan tremendo como este, ¿cuál debe ser nuestra reacción? Jeremías 6:16 dice: "Paraos en los caminos, y mirad y preguntad por la senda antigua, cuál es el buen camino y seguidlo y hallaréis reposo para vuestras almas". Es época de decidirse; el hombre tiene que pararse, detenerse un momento, y entender que hay sólo dos caminos. *Salvación en Cristo Jesús o condenación en el pecado.* ¡Escoja a tiempo! ¡Pronto la puerta se cerrará! Amén.

Para oración escriba a:

YIYE AVILA
BOX 949
Camuy, Puerto Rico 00627-0949
Tel. 898-5120

Señales de su venida
Yiye Avila

Es el propósito de este libro presentar un estudio exhaustivo de la evidencia que, a voz en cuello, nos grita que Cristo viene ya. A través de su lectura podremos mirar en el espejo de la Palabra los acontecimientos que a diario ocurren en este mundo, para llegar a la conclusión de que vivimos en los días en que, de un momento a otro, veremos descender al Hijo del Hombre en las nubes del cielo.

Otros libros disponibles:
- 550037 El ayuno
- 550038 El anticristo
- 550049 La Ciencia de la Oración

Dones del Espíritu
Yiye Avila

Hay promesas de Dios de manifestar los dones del Espíritu Santo en este tiempo el postrero en todas las edades. Es el último gran avivamiento. Oramos para que este libro sea motivo de inspiración grande para todos los interesados en ser partícipes de este último avivamiento, y de dar fruto glorioso para Dios en lo poco que nos resta. "El que tiene oído oiga lo que el Espíritu dice a las iglesias" (Apocalipsis 2:29).

Otros libros disponibles:
- 550037 El ayuno
- 550038 El anticristo
- 550049 La Ciencia de la Oración